本丛书为北京市社会科学理论著作
出版基金重点资助项目

丛书主编
袁行霈　严文明　张传玺　楼宇烈

丛书编辑委员会
袁行霈　严文明　张传玺　楼宇烈　李　零

王邦维　邓小南　刘勇强　吴同瑞

中华文明史普及读本

集成与转型
明中叶至辛亥革命的精神文明

刘勇强 编著

北京大学出版社
PEKING UNIVERSITY PRESS

图书在版编目（CIP）数据

集成与转型：明中叶至辛亥革命的精神文明／刘勇强编著．
—北京：北京大学出版社，2009.1
（中华文明史普及读本）
ISBN 978-7-301-13250-0

I.集… II.刘… III.文化史－中国－明清时代－普及读物
IV.K248.03-49

中国版本图书馆 CIP 数据核字（2007）第 196107 号

书　　　名：	集成与转型——明中叶至辛亥革命的精神文明
著作责任者：	刘勇强　编著
责 任 编 辑：	徐丹丽
标 准 书 号：	ISBN 978-7-301-13250-0/K·0513
出 版 发 行：	北京大学出版社
地　　　址：	北京市海淀区成府路 205 号　100871
网　　　址：	http://www.pup.cn　电子邮箱：pkuwsz@yahoo.com.cn
电　　　话：	邮购部 62752015　发行部 62750672　出版部 62754962
	编辑部 62752022
封 面 设 计：	奇文云海
版 式 设 计：	河上图文
印　刷　者：	北京宏伟双华印刷有限公司
经　销　者：	新华书店
开　　　本：	650mm×980mm　16 开本　14.5 印张　152 千字
版　　　次：	2009 年 1 月第 1 版　2010 年 4 月第 2 次印刷
定　　　价：	25.00 元

未经许可，不得以任何方式复制或抄袭本书之部分或全部内容。
版权所有，侵权必究
举报电话：010-62752024　电子邮箱：fd@pup.pku.edu.cn

目录 CONTENTS

小 引 /001

第一章 启蒙思潮 /003
一 "掀翻天地"的思想浪潮 /004
二 士人社团与市民运动 /011
三 启蒙思想的深化 /018

第二章 世情写真 /027
一 尊情、崇俗、尚真、求趣 /028
二 小说中的市井社会 /035
三 舞台小世界 /040

第三章 文人情怀 /049
一 独抒性灵 /050
二 瀚墨精神 /057
三 赋到沧桑 /066

第四章 幻域人间 /073
一 花妖狐魅的世界 /074
二 无往而非《儒林外史》/080
三 梦断红楼 /085

第五章 中西碰撞 /095
一 利玛窦规矩 /096
二 徐光启 /100
三 康熙的示范 /103
四 礼仪之争 /109
五 中学西渐 /112

第六章 文化建树 /119
　　一 《四库全书》/120
　　二 乾嘉考据学 /125
　　三 学术格局 /133

第七章 民族之花 /141
　　一 历史与文化 /142
　　二 英雄史诗 /146
　　三 独特的科技 /154
　　四 民族文化交融 /157

第八章 书声朗朗 /161
　　一 从国子监到书院 /162
　　二 蒙学教育 /168
　　三 妇女教育 /174
　　四 善书种种 /178

第九章 香烟燎绕 /183
　　一 辉煌的坛庙 /184
　　二 传统宗教 /188
　　三 民间宗教与信仰 /196

第十章 曙光再现 /205
　　一 "体""用"困惑 /206
　　二 维新思潮 /211
　　三 文化空间 /215
　　四 教育新风 /221

后　记 /229

小引

在中华文明的发展史中,明中叶以后的中国社会给人的印象是沉迷的、堕落的、衰退的,虽然也有过商品经济的繁荣,也出现过康乾盛世的辉煌,最终还是被落后挨打的惨痛所掩盖。所以,对于清代,就有了这样一个形象化的比喻:落日的辉煌。

一个泱泱大国在经历了数千年的发展之后,竟然落到了一个雨打风吹去的局面,实在悲凉得可以。遥想华夏文明肇始之际,恰如一轮朝阳升起在东方的地平线,如今,秦砖汉瓦、盛唐气象、清明上河、一代天骄,都成了遥远的梦想。纵使夕阳无限好,可怜只是近黄昏。

对一个古老的帝国来说，也许真的是走到了穷途末路。几千年帝制，在风雨飘摇中瓦解，神州大地，几乎经历了长达一个世纪血与火的洗礼。那种摧枯拉朽的动荡，至今令每个中国人刻骨铭心。

但是，古老的中华文明，并没有随着帝国一同沉沦。面对异域文明的挑战，有人自傲，有人自卑，更有人透过迷惘与矛盾的文化心理，步履踉跄却又坚实地继续着先民早已开始的永不止息的探索。

因此，集往昔之大成和向着未来的转型构成了这一时期精神文明发展的两大主旋律。转型在明中后期和晚清先后出现过两次，而集大成作为文化发展的大趋势，则在两次转型之间达到了高潮。就在集成与转型的焦灼与期待中，中华文明蓄势待发，终于以崭新的姿态迎来了新的曙光，尽管在黎明到来前，那一抹晨曦显得格外凝重。

一位哲人说过，所有的比喻都是蹩脚的。无论是落日的辉煌，还是凝重的晨曦，在时间的长河中都只是短暂的一瞬，但在明中叶至清末的三百年间，中华民族有过无数奋斗与失败、追求与困顿。我们无法忘记这样一串闪光的名字：李时珍、宋应星、徐光启、徐霞客、李贽、顾炎武、黄宗羲、王夫之、蒲松龄、曹雪芹、纪昀、龚自珍……是他们，用自己执著的思考，延续着中华文明的精髓；也是他们，用自己顽强的实践，作出了无愧于祖先的丰功伟绩。一个古老的文明由此走向了它自身发展的顶点，也由此获得了变革的内在动力。

如今，当尘埃渐渐落定，我们却惊奇地发现，伟大的中华民族依然是那样意气风发。究竟是什么力量使一个多灾多难的民族，愈挫愈勇，以崭新的姿态迎来了新的生机？当然是生生不息的中华文明。

让我们走进他们的世界，再次感受中华文明绵绵不绝的生命力。

第一章 启蒙思潮

明代中后期，中华文明进入一个新的历史时期，不少人习惯上也将这一时期称之为中国的文艺复兴或启蒙运动。[①]当时，在全国各地，特别是江南，以经济为中心的新兴城镇大量出现，手工业、商业经济日趋繁荣，市民阶层逐步壮大。在思想层面，以王阳明心学为先导的泰州学派及李贽等一批思想家不断向程朱理学的统治地位发起挑战，倡导个性解放和反映新的社会需要的各种观念，引导出

---

① 14世纪以来地中海沿岸某些城市资本主义萌芽蓬勃发展，而由于十字军东征，大批古希腊、罗马文化和艺术珍品的发现，促成了意大利等地文艺空前的繁荣。伴随着文艺复兴，出现了反对中世纪蒙昧主义的思想启蒙运动，并导致了后来民主、自由、平等、人权等观念的形成。

初步的反专制的民主与民权思想、历史进化论及政治理性与科学理性精神，形成了波澜壮阔的早期启蒙思潮。这一思潮与政治上和社会文化各领域的诸多新变化同步出现、相互呼应，构成了一个持续近百年，影响深远的文化潮流。

一 "掀翻天地"的思想浪潮

元代仁宗延祐年间科举考试开始以朱熹的《四书集注》为依据，标志着理学作为官方哲学地位的确立。明初，理学的统治地位进一步强化。凡是违背理学的思想，都可能被指为异端邪说，其结果严重限制了思想发展的自由空间，形成了严厉的学术专制。比如明初儒学宗师薛瑄就曾说过："自考亭(朱熹)以还，斯道已大明，无烦著作，直须躬行耳。"①这实际上是在理学的权威面前，自觉地放弃思想的权力。

直到明中叶王阳明心学的出现，思想史的发展才出现了一个新的重大转折，这主要表现在两个方面。

首先，王阳明提倡独立自主的思考与判断，主张打破传统经典和理学的精神束缚。他认为在真理面前人人平等，声称：

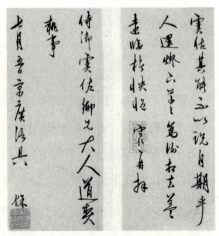

图1 上海图书馆藏王阳明手迹

---

① 《明史·薛瑄传》，《明史》卷282，第7229页，北京：中华书局，1974年。

> 学贵得之心,求之于心而非也,虽其言之出于孔子,不敢以为是也,而况其未及孔子者乎?求之于心而是也,虽其言之出于庸常,不敢以为非也,而况其出于孔子者乎?①

虽然他以所谓"心"作为是非判断的标准还显得十分含糊,但这种"不以孔子之是非为是非"的言论,在当时的背景下,还是很有胆量和感召力的。

其次,王阳明倡导人人皆可以成为圣人的"成圣"论,一定程度上消解了社会各阶层的意识形态界限,为下层民众及新兴阶层打开了精神世界的大门。据说有一次,街上有两个人吵架,甲骂乙:"尔无天理!"乙骂甲:"尔无天理!"甲又骂乙:"尔欺心!"乙再回骂甲:"尔欺心!"所谓"天理"、"心"都是王阳明经常谈论的话题。所以,王阳明对弟子们说:你们好好听听,这是在讲学呢!弟子不明白,认为不过是相骂而已。王阳明解释说,他们讲"天理"、"欺心",这不是讲学是什么呢?②这一故事形象地表明了心学力图深入大众的理论追求。

王阳明思想的这两方面都被他的继承者极大地加以发挥,泰州学派主要发挥了王学的世俗的一面,稍后的李贽则更因将其独立思考的主张提升到了人本主义的思想批判高度,而被卫道士们攻击为"异端"。

先看泰州学派。它的创立者王艮(1483—1541)是泰州安丰场(今东台安丰)人,出身于社会底层的盐户,从小就参加过煮盐的劳动。他一边谋生,一边自学,表现出很高的学术天分,希望做一个

---

① 《答罗整庵少宰书》,《王阳明全集》,第1册,第78页,北京:红旗出版社,1996年。
② 《新建侯文成先生世家》,《耿天台先生全书》卷10。

无愧于古往今来的大圣人。据说他曾经做过一个梦，梦见天塌下来了，万人奔号求救，而他举臂将天撑起，看到日月星辰的位置错乱了，又加以整理。无论这个梦真假如何，都表明他治学不同流俗的志向和责任感。王艮听说王阳明在江西讲学，特意跋涉三千里去请教。在王阳明的启发下，他认定"良知"就在人们生活的当下世界中，无须到抽象的理念世界去寻找，自然也就无须繁琐地读书穷理或端坐静默。在他看来，"圣人经世，只是家常事"①。只要在日常的生活中平平常常、自自然然地去做，"良知"就会自动显现出来。于是，"百姓日用即道"的思想成为他的思想的核心。

"百姓日用"指的是人的生理本能与日常生活的需要，满足人的正常的、基本的欲望就是"道"。这一观点，实际上在理学主张的"遏人欲"、"窒欲"、"无欲"思想屏障上，打开了一条裂缝，意味着从人类生活的基础层面确立了人性的合理性。

因此，王艮还将"良知"的追求放置在感性生命中，它的突出特点是"乐"。王艮写了一首脍炙人口的《乐学歌》：

> 人心本自乐，自将私欲缚。私欲一萌时，良知还自觉。一觉便消除，人心依旧乐。乐是乐此学，学是学此乐。不乐不是学，不学不是乐。乐便然后学，学便然后乐。乐是学，学是乐。呜呼！天下之乐，何如此学；天下之学，何如此乐。②

---

① 《王心斋先生遗集》卷1《语录》。
② 《心斋语录》，《泰州学案一》，《明儒学案》卷32，第718页，北京：中华书局，1985年。

在他看来，人在被私欲束缚的时候，就会有忧惧不满；而"良知"消除私欲，使人回归本然的天性之乐。这种"乐"不是一种理性的规定性，也不是静坐冥想中的体悟，而是一种生活中的无拘无束、天机畅遂的自由的感受。

王艮处在早期启蒙思潮的起始点，他所提倡的"百姓日用之学"标志着儒学世俗化倾向的深入。① 他传道的对象既多且杂，其中既有社会显达，更有樵夫、陶匠等平民。通过他的讲学活动，在精神世界与世俗社会之间架设了一座文化桥梁，打破了士大夫对文化的垄断传统，也为现实生活中的新要求、新观念的涌现，打开了方便之门。清代黄宗羲在描述泰州学派的影响时曾说：

> 泰州（王艮）之后，其人多能以赤手搏龙蛇，传至颜山农、何心隐一派，遂复非名教所能羁络矣。……诸公掀翻天地，前不见古人，后不见来者。②

再说李贽。李贽（1527—1602），号卓吾，是泰州学派思想激进的继承者，他更突出地发挥了心学反传统的一面，被当时的正统派攻击为"异端

图2　李贽像

---

① 参见刘华泽主编：《中国政治思想史》（隋唐宋元明清卷），第539页，杭州：浙江人民出版社，1996年。
② 《泰州学案一》，《明儒学案》卷32，第703页。

之尤",而他没有为这种攻击所吓倒,反而公然以"异端"自居,他说:

> 今世俗子与一切假道学共以异端目我,我谓不如遂为异端,免彼等以虚名加我。①

又说:

> 天幸生我大胆,凡昔人之所忻艳以为贤者,余多以为假,多以为迂腐不才而不切于用。其所鄙者、弃者、唾且骂者,余皆以为可托国托家而托身也。其是非大戾前人如此,非大胆而何?②

这种反传统的大无畏精神品格,在中国思想史上是罕见的。

李贽继承心学的批判精神,又变本加厉,公开地挑战孔子的权威,指出正是由于人们在孔子的权威面前不假思索,盲目听从"师父之教",造成了"千年一律"、"独无是非"的沉闷局面。他明确表示:"夫天生一人自有一人之用,不待取给于孔子而后足也。若必待取足于孔子,则千古以前无孔子,终不得为人乎?"③强烈反对把孔子言论绝对化,作为是非评判的标准。在《童心说》这篇著名的论文中,他甚至说《论语》、《孟子》等儒家经典只不过是孔、孟的弟

---

① 《答焦漪园》,《焚书》卷1,北京:中华书局,1975年。
② 《读书乐并引》,《焚书》卷6。
③ 《答耿中丞》,《焚书》卷1。

子"有头无尾"、"得后遗前"的残缺笔记,其中所记载的孔、孟言论也不过是他们针对具体问题提出的解决办法,不能用来当成"万世之至论",用来解决一切问题。这些观点在当时可以说是惊世骇俗的。

李贽的异端思想很有创造性,他继承王艮"百姓日用即道"的思想,并将其进一步落实在现实生活当中。他说:"穿衣吃饭,即是人伦物理。除却穿衣吃饭,无伦物矣。"①因此,他十分痛恨"阳为道学,阴为富贵,被服儒雅,行若狗彘"的虚伪道德说教与作派,声称这种言行反不如"市井小夫,身履里事,口便说是事。作生意者,但说生意;力田作者,但说力田。凿凿有味,真有德之言"②。对讲求实际利益的"私心"持一种认同的态度,使王学的"良知"从抽象的本体进一步变成了个人的、感性的自然真实。

李贽提出的"童心"说,也具有鲜明的批判意识。他把"童心"的先天本质绝对化,将它与"道理"、"闻见"等,实即儒家的思想修养对立起来,目的是为人性奠定一个合理的基础,这个基础即是自然的感性生命。他说:

> 童心者,真心也。若以童心为不可,是以真心为不可也。夫童心者,绝假纯真,最初一念之本心也。若失却童心,便失却真心;失却真心,便失却真人。人而非真,全不复有初初矣。③

---

① 《答邓石阳》,《焚书》卷1。
② 《答耿司寇》,《焚书》卷1。
③ 《童心说》,《焚书》卷3。

由"童心"进一步,李贽又强调了"私心",他说:"夫私者,人之心也。人必有私,而后其心乃见;若无私,则无心矣。"①李贽为人确立了一个感性尺度,按照这个感性尺度,人对富贵利达的追求首先是人的感性生命的先天需要,"势利之心亦吾人禀赋之自然",即使是圣人亦"不能无势利之心"。由此推论,私心和由之而发的对私利的追逐都可以被看做是人的自然权力。与此相关,李贽还很重视人的个性。他认为人的个性不但不应抹杀,还应当尊重它的自然发展,使不同的人各从所好,各骋所长,各遂其生,各获其所愿有。

从李贽思想的整体来看,他在人性问题上坚持的是一种全面发展的自然主义的理想,在这种理想中,私欲和个性不应该受到压抑。这种思想与宋代以来流行的"存天理,灭人欲"的理学教条乃至传统的儒家思想都形成了鲜明的对立。

由于李贽激烈的异端思想顺应了当时的社会发展,因而得以广为传播。与此同时,在他从事讲学和著述的麻城乃至京城,保守势力对他的迫害也逐渐升级,先是群起围攻,又焚烧了他的芝佛院,逼他远走通州,最终经神宗御批,以"敢倡乱道,惑世诬民"的罪名逮捕下狱,并焚毁其著作。不愿屈服的李贽最后在狱中自杀身亡。

李贽虽然死了,但是个性解放的时代浪潮却没有消退,它与袁宏道的"性灵"说、汤显祖的"至情"说等一系列新的文艺思想一起,构成了一股具有启蒙色彩和市民意识的、反传统的浪漫主义文艺潮流。②

---

① 《德业儒臣后论》,《藏书》第3册,第544页,北京:中华书局,1959年。
② 关于这一时期的文艺发展,可以参见袁行霈主编《中国文学史》第四卷的相关章节,北京:高等教育出版社,1999年。

二　士人社团与市民运动

"风声雨声读书声声声入耳，家事国事天下事事事关心。"据说，这是明末东林党人顾宪成（1550—1612）青年时期撰定的一幅著名对联，它表露了他矢志求学的理想和关心国事的政治意愿。而明代中期之后，党社运动的风起云涌，也成为中华文明史上的一大闪光点。

所谓党社运动，指的是晚明以东林党为代表的士大夫党争和复社、几社等文人结社活动，他们共同的特点是充分表达了士大夫的政治情怀，以逐步成熟的政治理性，在对现实政治进行激烈批判的同时，建构出新的政治理想。

明朝嘉靖之后，社会基础逐渐发生异动，尤其是在社会分层方面变化显著。一些长期受压制阶层如中小地主和新兴市民开始萌生，并试图表达在经济和政治权利中公平和公正的诉求。明代空前严厉的专制体制，也造成了政治上的广泛对抗的出现，君臣之间、朝野之间都存在着严重的斗争关系。一个相关后果是正直的士大夫，往往是那些中下层官吏，纷纷从在朝下移至在野，由官吏转变为缙绅，并在思想上强化独立之理性精神，形成民间的政治清议和道德臧否中心。在野的士大夫关心国家大事，每每依托书院、讲会等讲学活动，抨击时政，臧否人物，其中以东林书院为最突出的代表。

东林书院由北宋杨时创建，后来逐渐荒废，明万历三十二年（1604），顾宪成在当地官绅的支持下，修复了东林书院，与高攀龙、钱一本等志同道合者同聚其中，切磋学问，集会讲学。在顾宪成看来，学术的根本目的就在于扶救世道，他说：

图3 东林书院依庸堂

官辇毂,念头不在君父上。官封疆,念头不在百姓上。至于水间林下,三三两两相与讲求性命,切磨德义,念头不在世道上。即有他美,君子不齿也。①

正是由于顾宪成等人重视士大夫拯时济世的品格与志向,所以他们在"讲习之余,往往讽议朝政,裁量人物,朝士慕其风,多遥相应和"②,逐步形成了他们在社会政治与经济方面的主张,并通过朝野之间的力量联系,使影响由内而外,俨然成为一个有力的政治团体,史称东林党。③

---

① 《小心斋札记》卷11。
② 《明史·顾宪成传》,《明史》卷231,第647页。
③ 关于"东林党"的性质,学术界有不同的观点。通行的看法是强调其政治性,但也有人持"东林非党论",认为东林书院是学术性的,而不是议论政治的讲坛,参见樊树志《晚明史》上册第六章,复旦大学出版社,2003年。

东林党人继承了自古以来士人自觉担当天下道义的传统情怀，改变了宋代以来儒家以个人人性修养为主的思想路线，将个人的道德理性转化为社会的政治理性，以此建构社会的合理性秩序，开辟了明末清初以社会批判和经世致用为主要内容的新的思想发展之路。黄宗羲曾这样评价东林党人在当时社会的影响：

> 东林讲学者，不过数人耳，其为讲院，亦不过一郡之内……乃言国本者谓之东林，争科场者谓之东林，攻逆阉者谓之东林，以至言夺情奸相讨贼……凡一议之正，一人之不随流俗者，无不谓之东林。若是乎东林标榜，遍于域中，延于数世。东林何不幸而有是也！东林何幸而有是也！……数十年来，勇者燔妻子，弱者埋土室，忠义之盛度越前代，犹是东林之流风余韵也。[1]

重要的是，东林党在当时的政治生活中形成了一股强大的声音，这对传统的政治格局的改变是有很大冲击力的。据说顾宪成去官离京之前，内阁首辅王锡爵与他有一段对话，王锡爵对顾宪成说："近来有一件怪事，你知道吗？"顾宪成问他是什么怪事，王锡爵说："内阁认为对的，外论（外面的议论）一定认为是错的；而内阁以为错的，外论却一定认为是对的。"顾宪成则反过来说："外论认为对的，内阁一定认为是错的；而外论以为错的，内阁却一定认为是对的。这也是一件怪事。"[2]在这一对话中，内阁与外论形成明显的对

---

[1]《东林学案一》，《明儒学案》卷58，第1375页。
[2] 同上书，第1377页。

立。所谓外论即是由在野的士大夫所倡导的政治主张，是针对天子以及内阁的独断专权而言的，他们自诩为天下之公论。由东林党人所表达的天下公论的核心内容是社会正义，这样的社会正义理论体现了当时日渐成熟的政治理性精神，东林党正是从这样的政治理性出发，维护中下层士人及作为他们的社会基础的新兴社会阶层的政治和经济利益。

在现实政治中，明末的党争持续的时间很长。明代蒋平阶撰有《东林始末》，专门记述东林党与其他党派的争论，从万历二十一年（1593）内阁与吏部围绕官吏考察所进行的斗争开始，直到崇祯末年为止。万历二十一年，其时东林党虽然还没有正式形成，但相关的政治斗争已相当激烈。顾宪成作为考功主事，认为内阁和吏部都应当具有各自独立之权力，这种权力制衡是做到决策公平的必要保证，他强调公正的原则，协助吏部尚书孙鑨、考功郎中赵南星严格办事，坚决杜绝拉关系、走后门这一套，"一时公论所不予者贬斥殆尽"。这次对官吏的考察，触犯了包括内阁首辅王锡爵在内的很多权贵的利益，因此受到来自内阁的猛烈反击。事隔不久，自孙鑨起吏部大小诸臣几乎全部被更动，顾宪成也在次年被革职回乡。

明中叶后，在商业经济比较发达的城镇中，市民为保护自身经济利益和政治权利，经常组织起来进行集体斗争，这是中国社会出现的新的矛盾。嘉靖二年（1523）苏州市民反抗朝廷织造太监的苛捐勒索，已经显出市民抗争的端倪。万历时期，朝廷向全国各地，特别是经济发达地区派出大批矿监税使，对人民进行残酷的剥削，更使市民抗争变得如火如荼。全国许多城市或地区都发生过激烈的民变。如陈奉受派征荆州店税，兼采兴国州矿砂，所到之处，为非作歹，百姓怨声载道。武昌市民发誓要杀死陈奉，他仓皇逃入楚王府中，众多市民忍无可忍，将其手下16人投到长江中。当地巡抚支可大保护陈奉脱逃，愤怒的市民就纵火烧了巡抚的辕门。由于市民的反抗与官吏的上书弹劾，万历皇帝不得不召回陈奉，并将支可大革职。

面对风起云涌的市民运动，东林党人士往往站在市民的一边，在一定程度上代表了新兴市民阶层的经济和政治利益，东林的集会中不仅有官僚缙绅这样的正统的士人，也出现了一些"富商大贾"，从而使东林党的社会基础更加广大。

万历二十九年（1601），由于织造太监孙隆对当地的织户横征暴敛，激起民变。织工葛成被推为领袖，率两千多人，击毙孙隆的爪牙，并围逼税使衙门，要求停止征税，吓得孙隆逃离了苏州。这次斗争组织得非常成功，"不挟一刃，不掠一物，预告乡里，防其沿烧"。事后葛成挺身自首，不牵累群众。这次抗争就得到东林党人的同情，织工领袖葛成出狱后病逝，东林党人文震孟、朱国桢为他撰写了碑铭，以此表达对一个普通的织工的敬意。

万历四十二年（1614），福州的铺行、匠作等众多市民到税监高寀门前讨要欠银，引得上万人围观。高寀穷凶极恶，以武力镇压市民，并纵火烧毁民居。东林党人周顺昌为福州推官，直接参与到这场斗争之中，他一面抚恤百姓，一面张榜公布高寀罪行，缉拿行凶爪牙。这场斗争逼走了税监高寀，但周顺昌也被迫离职。周顺昌临行，感念他的数万市民自发赶到衙署为他送行。

由于东林党人同情和支持市民运动，因此他们也受到了市民的信任和拥护，所以，在天启时期东林党受到阉党的迫害时，新兴的市民阶层为支持东林党,又爆发了数次民变,其中苏州的"开读之变"是其中影响较大的一次。

天启六年(1626),东林党周起元、周顺昌、周宗建、缪昌期、李应升、高攀龙、黄尊素等"七君子"被捕,引发对抗性民变,尤以苏州、常州为烈。三月十八日,奉命逮捕周顺昌的官府缇骑正准备开读逮令,以颜佩韦、周文元、杨念如、马杰、沈杨等为代表的上万苏州市民,自发前来为周顺昌伸冤请命,他们从四面八方一齐冲向官署,抗议逐渐演变成了对缇骑的大规模袭击,无数木屐投向官署,缇骑惊慌失措,狼狈而逃。同时,前往浙江逮捕黄尊素的缇骑也在苏州城下受到围攻,他们乘坐的官船被打翻。官差所持的信牌、驾贴等都被众人焚毁。事变之后,苏州市民为了抗议明廷,还举行了罢工罢市,在苏州和附近府县,私禁使用天启钱达十月之久。

值得注意的是,明中叶之后的文人结社蔚为风气,除东林党外,复社也是一个很重要的社团。天启四年(1624),张溥在常熟组织应社,起初只有十一人,后来逐渐发展为影响很大的名社。崇祯元年(1628),由张溥倡导,连同云间几社、浙西闻社、江北南社、江西则社、吴门匡社、武林读书社、山左朋大社等众多结社合并为复社。后来,又有连江北匡社、中州端社、莱阳邑社等远方的结社加入,复社的成员多达两千余人。最能体现复社的规模和影响的莫过于复社的三次大会了。其中崇祯五年(1632),已中进士的张溥回太仓召集了虎丘大会,竟有各地数千士人参加,是历史上少见的士人集会。

复社成立之初,宗旨主要在文章科举,所谓"兴复古学",就是复社名称的由来,但复社成员对当时虚华不实的学风很不满,所以他们又大力倡导有益于社会的学术即"务为有用"。①他们主持编刊了《历代名臣奏议》、《皇明经世文编》等一批"经世"之书,力图扭转士林习气。而随着国家衰弊,朝政日非,一些复社中人已经由科举进入政坛,因此不可避免地卷入政治斗争,并作为一股政治力量,通过朝野间的配合形成一个社会的运动。他们在政治上接续了东林的传统,与东林党的后裔结盟,一起和魏忠贤阉党的余孽进行斗争,当时人们都把复社视之为"小东林"。前面提到的那场轰轰烈烈的苏州民变,颜佩韦等五人后被指为领导者,慷慨就义。崇祯即位后,清除魏党,苏州人为五人重修坟墓,复社领袖张溥撰写了著名的《五人墓碑记》,高度评价了他们的政治作用,也显示了复社与东林党相同的政治取向。崇祯十一年(1638),复社名士吴应箕、陈贞慧、侯方域等人起草的声讨阮大铖的《留都防乱公揭》,由众多东林后裔和

图 4 苏州颜佩韦等五人墓

① 陆世仪:《复社纪略》卷1。

复社成员署名，公布于世。这一行动极大地打击了南京的阉党势力，将阮大铖驱逐出了南京，同样表明了复社与东林的一致。

尽管复社的宗旨和构成包含了十分复杂的因素，但它的出现确实是一种新的政治现象。虽然对复社成员在政治上的影响不能估计过高，但也绝不可忽视，毕竟他们利用群众力量达成政治目的，为社会的发展提供了一个新的推动力。而且复社还培育出了一大批像方以智、冒襄和黄宗羲这样的政治、思想和文学艺术领域的杰出人才，他们在随后发生的"天崩地解"的社会大变动中，大放异彩。

三　启蒙思想的深化

明清之际以黄宗羲、顾炎武、方以智、王夫之、颜元为代表的进步思想家，在对宋明理学加以深入反省、总结的基础上，逐渐跳出宋明理学的思想藩篱，另辟新径，甚至站到宋明理学的对立面，转持批判的立场，并形成一股以讲究经世致用、注重现实、注重科技为特征的新思潮。

黄宗羲（1610—1695），字太冲，号南雷，世称梨洲先生。他的父亲黄尊素是著名的东林党人士，以"天下之安危为安危"①，这种精神对黄宗羲影响很大。他一生勤于著述，自撰约百余种，编选十余种，总字数在一千万字以上，他于康熙元年（1662）完成的《明夷待访录》，被后世称誉为17世纪中国的"民权宣言"，是早期启蒙思潮中最重要的著作之一。此书共分《原君》、《原臣》、《原法》、《置相》、《学校》等篇，涉及国家的政体、国体、教育、法制、

---

① 《东林学案四》，《明儒学案》卷61。

图5 光绪五年五桂楼刊本黄宗羲《明夷待访录》书影

官制、兵制、田制、财政等重大问题。

在《明夷待访录》中，黄宗羲积极肯定了人的自然权利，并从维护人的自然权利出发，猛烈地抨击了专制君权。在黄宗羲看来，私利是人与生俱有的，正是由于有个体的私利，才合成了天下的公利。在此基础上，黄宗羲重新建构了中国思想传统中的天下观，在他看来，天下是天下百姓的天下，而不是皇帝的"囊中之物"。他主张应在共同致力于天下万民忧乐的基础上，明确君臣的职分。在他看来，理想的社会应该是"以天下为主，君为客"，君主及国家的责任是保障天下百姓各得其利，这才是真正的天下大公。遗憾的是，现实的社会往往却是"以君为主，天下为客"。这样的专制君主，"以天下之利尽归于己，天下之害尽归于人"，未得天下之时，"屠毒天下之肝脑，离散天下之子女，以博我一人之产业"，既得天下之后，"敲剥天下之骨髓，离散天下之子女，以奉我一人之淫乐"。黄宗羲激愤

---

① 《原君》，《明夷待访录》，第1-3页，北京：古籍出版社，1955年。

地说:"为天下之大害者,君而已矣!"①对君主专制进行了前所未有的猛烈批判!并明确说:"天下之治乱,不在一姓之兴亡,而在万民之忧乐。"①

黄宗羲思想的可贵之处还不只是他对君王之害的批判,他还将这一民主观念贯穿于他对政治、经济等一系列主张中。在《原法》篇中,他提出"有治法而后有治人"的主张,从"为天下非为君也,为万民非为一姓也"的观念出发,强调君臣应该合理地分配职权,共治天下。为此,必须立"天下之法",废"一家之法"。②这种分权而治、法制公正的政治要求,从东林党开始一贯为进步的士大夫所坚持,一方面体现出初步的政治民主观念,另一方面也是新兴阶级要求经济与政治权利的反映。为此,他提出了不少设想。比如在《学校》篇中,他强调了学校在政治生活中的作用,认为:"天子之所是未必是,天子之所非未必非,天子亦遂不敢自为非是,而公非是于学校。"这几乎是将学校看成了一个可以议时论政并有决定是非权力的政治机构。

在经济方面,他主张授田于民,还明确主张"工商皆本"。他说:"今之通都之市肆,十室而九,有为佛而货者,有为巫而货者,有为优倡而货者,有为奇技淫巧而货者,皆不切民用。一概痛绝之,亦庶几救弊之一端也。此古圣王崇本抑末之道,世儒不察,以工商为末,妄议抑之。夫工固圣王之所欲来,商又其愿出于途者,盖皆本也。"③这一观点顺应了明中后期以来对工商在国家社会结构中的

① 《原臣》,《明夷待访录》,第3—5页。
② 同上。
③ 《财计三》,《明夷待访录》,第40—41页。

地位重新定位的思潮，具有鲜明的时代特色，有些思想至今仍有启发意义。如历史上每次税费改革后，农民负担在下降一段时间后，会涨到一个比改革前更高的水平，走向原先改革目的的反面，他在《明夷待访录·田制三》中称之为"积累莫返之害"，这就是学者概括的所谓"黄宗羲定律"。

顾炎武（1613—1682），初名绛，后更名为炎武，字宁人，世称亭林先生，青年时曾参加复社活动，后来清兵南下，他又参加昆山、嘉定人民的抗清起义，失败后逃离江南，游历华北。每到一地，都要访问风俗，尤其关心各地的边防地理、郡邑掌故、兵农河漕，并垦荒种地，纠合同道，不忘兴复。如果说黄宗羲的杰出之处在于阐发了一系列新思想、新观念，顾炎武的学术贡献则主要在于倡导一种"明道救世"的务实学风，从而成为清代学术的开山人物。即以他的《日知录》为例，表面上看是考据札记，实际上是一部反思历史、探讨治国理念的经世致用之作，其中包含了丰富的社会批判和思想启蒙的内容。

在《日知录》的《正始》篇中，顾炎武区分了"天下"与"国"这两个不同概念，认为所谓"国"是属于一家一姓的王朝，而"天下"则是世所共有的，从而将君王的利益

图6 清人绘顾炎武画像

与民众的利益区别开来，实际上是对君权的一种否定，也正是在这一基础上，他提出了一个著名的口号："天下兴亡，匹夫有责。"

顾炎武猛烈地抨击了八股取士制度，认为"八股之害，等于焚书，而败坏人才，有甚于咸阳之郊所坑者，但四百六十余人也"①。这是把八股取士看成是比秦始皇焚书坑儒更大的罪恶。八股取士不仅使天下的读书人思想禁锢，丧失灵性，更使读书人陷入到一个奴性的士大夫之网，从而丧失独立的人格。与此相关，他特别强调士大夫在影响社会人心和社会风俗上的重要性，在《日知录》的《清议》一文中，他认为从《诗经》"小雅"的时代开始中国的士大夫就有一个使命，即是"清议"，也就是在国家体制中发挥民主功能。这一功能是至关重要的，关系着国家的危亡，"天下风俗最坏之地，清议尚存，犹可维持一二，至于清议亡，而干戈至矣"②。他通过历史分析，认为东汉和宋朝的兴亡，都是与"清议"的兴衰相依转。顾炎武将"清议"的兴衰看做是社会变革的一个表征，在当时的思想背景下是具有很大的进步意义的，是对中国古代政治传统中民主精神的弘扬。

针对君权至上的专制主义，他也发表了一些很尖锐的意见。他认为上古社会，"为民而立之君，故班爵之意，天子与公侯伯子男一也，而非绝世之贵"③，甚至指出"传贤之世，天下可以无君"，"传子之世，天下不可无君"④。也就是说，在贤才治世的民主政体下，没有专制的君王也是可以的。在《日知录》的《保举》、《附郡县论

---

① 《拟题》，《日知录》卷16，兰州：甘肃民族出版社，1997年。
② 《清议》，《日知录》卷13。
③ 《周室班爵禄》，《日知录》卷7。
④ 《顾命》，《日知录》卷2。

九》、《直言》等篇中，他还设想了国家管理人才的选举与国家大事的协商方式，这些思想与黄宗羲的《明夷待访录》中的民主思想形成了一种时代的呼应。

顾炎武在开辟清代学术的新天地上也有着巨大的贡献，他的研究领域相当广泛，包括经学、史学、音韵、金石、方志等，目的则都在于经世致用。他的开阔视野为清代学术展示了宽广的前途，而实事求是的治学方法也为后世学者效法。不过，当乾嘉考据学成为学术主流时，顾炎武注重"国家治乱之源，生民根本之计"的学术思想却被逐渐淡化了。

王夫之（1619—1692），字而农，号薑斋，明亡后曾长期参加抗清活动，表现了崇高的民族气节。晚年居衡阳之石船山，学者称船山先生。在清初诸儒中，王夫之的学术体系以博大著称。他针对长期占据主流意识形态位置的程朱理学和陆王心学展开了尖锐的批判，大力表彰张载的学说。其中十分突出的是，他直接继承张载的气学思想，系统地建构了"气本论"哲学，与程朱的"理本论"、陆王的"心本论"鼎足而三。而在以气为本的唯物主义基本哲学前提下，王夫之又通过对理—气、道—器、知—行等涉及广泛的哲学问题的讨论，表现出朴素的辩证思维，最终完成了在理论上终结宋明理学的思想使命。

王夫之的思想有很鲜明的时代色彩，这不仅表现在他对宋明学术的清理上，也表现在他对一系列具体的学术问题的探讨上，他在历史哲学方面的新主张，也是早期启蒙思潮中的重要思想成果。王夫之肯定历史是进化的，否定长期以来人们对"三代之治"的向往，认为那只是原始的社会形态。只有经过逐步地文明创造，才能使国家逐渐统一，文化得以建立，人民生活摆脱贫困。在这个过程中所建立的以"华夏"为中心的民族传统，经历汉、唐、宋、明等正统时代，日益强大和进步。虽然中间数次偏离正轨，至明清间更是身处"大运倾复"、"地裂天倾"的鼎革之际。王夫之坚信，历史一定要回归正统，民族终有复兴的一天。他所发现的这一历史演变的规律，在以历史循环论为主的中国历史哲学传统中无疑是有重大价值的。

王夫之的历史哲学最突出的一点是在人类历史的整体中对人的重视，他认为作为人类历史本体的"天"，是不外于人的，它是"人之天"、"民之天"。所以，他肯定了"人定胜天"的思想，强调人改造客观世界的主动性。从社会政治秩序的角度，他承认君权的作用，但主张"公天下"，反对将天下当做"一姓之私"①，因此，与黄宗羲一样，他也提出了天子与百官、中央与地方分权的观点。这些主张都具有鲜明的启蒙思想色彩。

不过，由于王夫之一生独处深山，隐居著述，虽然有论著百余种，却因与世隔绝，在当时并没有产生什么影响，直到道光年间，他的著作才得以陆续刊行问世。

颜元（1635—1704）是清初北方的著名学者，治学从遍读程、朱、陆、王之书开始，终转为批判程、朱、陆、王。他和他的学生李塨一起倡导实学，强调"习行"，主张经世致用，世称"颜李学派"。

颜元、李塨痛恨宋明理学自夸为圣人而以空谈陷中国于人才空虚的局面，在他们看来，真正的圣贤必定要建功立业，而圣贤建功立业所凭借的不是宋明理学的那套性理空谈，而是实际的经世致用

---

① 《读通鉴论》卷17。

的学术。颜元虽然也是在书院讲学,但按照他的理想,书院被改造成了完全不同于宋明以来以讲授经典或讨论性理为主的模式。他特别要求:"昔周公、孔子,专以艺学教人,近士子惟业八股,殊失学教本旨。凡为吾徒者,当立志学礼、乐、射、御、书、数及兵、农、钱、谷、水、火、工、虞。予虽未能,愿共学焉。"①他在他

图7 清人绘颜元画像

主持的漳南书院中,开设了文事、武备、经史、艺能四科,包括经史、数学、天文、地理、兵法、水学、火学、工学等等。每一科目下还有具体区分,如水学有沟洫、漕輓、治河、水战等事项,这样的百科式的分类教育,虽然还比较初步,但它在理念上与近代的大学教育是基本一致的。可惜颜元的漳南书院办学不长,他的办学理念和办学方法也没有得到推广,否则17世纪以后的中国在这样一种教育的作用下很可能会是另一种历史景象。

由黄宗羲、顾炎武、王夫之、颜元等共同开创的清初经世致用之学,无不表现出强烈的社会责任感和改变现实的良好愿望,并且为了实现他们的社会理想,从学术上准备了政治、经济、科技等等

---

① 《颜习斋先生年谱》"乙卯(1675)四十一岁"条,《颜元集》下册,第743页,北京:中华书局,1987年。

各方面的思想武器。到了清代中期，经世致用之学转成了乾嘉考据之学，虽然秉承了实事求是的征实精神，但从社会实践转到了古代典籍上，同时反对宋明理学的思潮仍在继续。

早期启蒙思潮从李贽到清初的顾、黄、王等人，思想差别很大，在当时社会上产生的影响也各不一样，但有一点是共同的，那就是他们都从时代的需求出发，力图打破传统的精神束缚，这种文化观念上的变革意图，具有很高的思想价值。近代倡导变革的先进知识分子，如康有为、谭嗣同、梁启超、唐才常等人，都极力地推崇明清之际启蒙学者的著作，把《明夷待访录》、《日知录》等书看成是具有意义的思想资源。梁启超当时说："最近三十年思想界之变迁，虽波澜一日比一日壮阔，内容一日比一日复杂，而最初的原动力，我敢用一句话来包举他，是残明遗献思想的复活。"①虽然这样说法有些绝对，但它也反映了一个事实。这个事实不只是指当时的思想家借鉴了明清之际思想家的著作，更重要的是指中华文明在转型过程中，除了外力的推动，也有内在的动力。

---

① 梁启超：《中国近三百年学术史》，第36页，北京：东方出版社，1996年。

第二章 世情写真

明中叶以前，文学艺术的主要形式，包括在此后成为文学主流的通俗小说、戏曲，基本上都已定型了。在这种情形下，文学艺术的发展并不再像此前那样，突出地体现于它自身的演变，如诗歌由四言而五言、而七言、而词、而曲的变化，但是在实际创作中，以及在它与传播、接受密切相关的功能实现中，我们还是可以清晰地把握其发展的脉络。其中形式上的古与今、风格上的雅与俗、内容上的情与理，这三大矛盾，虽然都有着它们各自的历史传统，却因在新的历史条件下所获得的新内涵，相互对立与补充，形成了明中叶以后文艺发展的内在动力。明中叶以后的文艺家们所创造的艺术世界很难说有前人完全没有涉足的领域。不过，在林林总总的创作中，却有一个异常鲜明的走向，那就是对以市井社会为中心的"世情"的揭示较以往有较大的开拓，它满足世俗社会的文化渴望，成了这一时期的文艺发展最引人注目的地方。

一 尊情、崇俗、尚真、求趣

明中叶以后的通俗文学在宋元通俗文学的基础上有了长足的发展，这种发展的一个直接结果就是使"雅"与"俗"的文化对立空前尖锐地呈现出来。本来，"雅"与"俗"的区分，在中华文明史上并不是一个全新的命题。但是，它们在明中叶以后，无疑具有了新的特点。这首先基于这样的事实：通俗文学依托日益兴盛的商品经济以及由此形成的新的社会观念，迅速在全社会广泛传播。袁宏道在《东西汉通俗演义序》中举了一个很生动的例子：

> 里中有好读书者，缄嘿十年，忽一日拍案狂叫曰："异哉！卓吾老子吾师乎？"客惊问其故。曰："人言《水浒传》奇，果奇。予每检《十三经》或《二十一史》，一展卷即忽忽欲睡去，未有若《水浒》之明白晓畅、语语家常，使我捧玩不能释手者也。若无卓老揭出一段精神，则作者与读者千古俱成梦境。"

这一番话表明了李贽思想的影响，也反映出通俗文学与传统的经史之间的差异。正是由于通俗文学有如此大的影响,使维护正统的社会舆论与各级官府都如临大敌,总是希望用各种方式加以禁毁。①他们所针对的当然不是那些新鲜活泼的文艺样式本身,实际上,他们也常常成了那些文艺样式的享受者。他们所担心的是与那些文艺样式相伴出现的非正统的思想意识,说得简单点就是所谓"诲淫诲盗"。从这样的角度说,正是历史上从未有过的尖锐的思想冲突,才使得"雅"与"俗"的文化对立比以往任何时候都更清晰地凸显出来,从而成为本时期文艺发展的一个主题。

这当然有一个发展过程。经过宋元的蓬勃发展之后,以小说戏曲为代表的通俗文学曾一度向雅文化靠拢。《琵琶记》等作品就以"不关风化体,纵好也枉然"相标榜。《三国演义》、《水浒传》的人物塑造与思想观念也比它们的前身《三国志平话》、《宣和遗事》中的"水浒"故事更加儒化了。但这只是发展中的短暂曲折。当明中叶社会发生重大转变时,通俗文艺迎来了它的又一个繁荣时期,而且很可能由于有过上述向雅文化的靠拢,使它在艺术水平上表现出了更成熟的形态,以致在整个社会产生更大的影响。

明中叶开始出现的俗文化热潮是全面的。比如当时各类通俗文化方面的出版物非常多,比较有特色的有与经商活动密切相关的地理书籍,如《天下水陆路程》、《水路路程宝货辨疑》等。还有一些则是百科全书性质的通俗类书,如《万锦情林》、《国色天香》、《绣谷春容》、《燕居笔记》、《玉谷调簧》等,它们有的以小说为主,有的以戏曲为主,兼收诗词及谜语、对联、书信等各类杂著,编排虽不讲究,但应有尽有,可以供一般市民日用便览或作为谈资笑柄。这

---

① 参见王利器编:《元明清三代禁毁小说戏曲史料》,上海:上海古籍出版社,1981年。

些书籍适应了社会基层的不同文化需求，反映了通俗文化的兴盛。

商品经济的发展与俗文化的繁荣，自然渗透到文人的创作中。例如，当时作家为商人作寿序、传记、墓志之类文章极为常见，而在江浙地区，许多著名作家都出身于商贾家庭。① 至于小说戏曲的创作，其商业性更为明显。小说编刻本身就是一种有利可图的商业活动，书商越来越成为左右小说创作的不可忽视的因素，有不少小说其实就是书商自己组织创作的。如福建建阳是当时出版业十分发达的一个地区，聚集了不少书坊。余象斗就是当时很著名的一个书商。余氏是刻书的世家，余象斗看准市场需求，自编、自刻、自销了一大批在当时很畅销的小说，如当时《西游记》十分流行，他就编出所谓《南游记》、《北游记》等与之配合。他还刊印过《三国志传评林》、《忠义水浒全传》、《英烈传》等，都受到市场欢迎。这些小说有利可图，还有一个反证。余象斗在《八仙出处东游记》的书前识语中曾这样说：

> 不俗斗自刊华光等传，皆出于心胸之编集。其劳鞅掌矣！其费弘巨矣！乃多为射利者刊，甚诸传照本堂样式，践人辙迹而逐人尘后也。今本坊亦自有立者固多，而亦有逐利之无耻，与异方之浪棍，迁徙之逃奴，专欲翻人已成之刻，袭人唾余，得无垂首而汗颜，无耻之甚乎？

由于当时没有版权法，书商无法有效地维护自己的版权利益，

---

① 参见陈建华：《中国江浙地区十四至十七世纪社会意识与文学》，第334—335页，上海：学林出版社，1992年。

只好在自己刊刻的图书上加上这样的诅咒，其痛心疾首之情，溢于言表。

戏曲也是如此。一方面，戏曲与小说一样，剧本的刊刻同样商品化了。另一方面，戏曲的演出也是一种带有经营性的艺术活动。有关戏曲演出收费的记载很多，如有人说："人家做戏一本，费至十余金，而诸优犹恨嫌少。"①

在这一背景下，逐渐形成了一些新的审美标准与艺术趣味，尊情、崇俗、尚真、求趣成为许多文学家的共识。尊情指的是在文艺创作中强调"情"的作用。据说为冯梦龙（1574—1646）所编的《情史》就将这种"情"提高到了临驾于一切事物之上的位置；崇俗则始终是通俗文学的基本品格；尚真突出的是通俗文学作家对现实生活的把握；而求趣反映了一种新的审美标准，它的极端说法是："天下文章当以趣为第一。"②

说起这个"趣"字，我们不能不提到明中后期有一类文学现象特别值得注意，那就是笑话文学的发展。我们今天所看到的中国古代笑话集主要出自这一时期。此前的笑话集多是在这一时期重新编刊而广为流行的；此后的笑话集也多少受到了这一时期笑话的影响。虽然中国历史上一直存在着谐谑文化的传统，但这一传统在"戏而不虐"的观念支配下，往往变为一种文人的"雅趣"。而明中后期则不同，许多文人的"善谑"是与他们"疏狂"的精神状态联系在一起的，而市井社会的放纵也为笑话的发展添油加醋。虽然在当时流传的笑话中有不少格调不高的作品，但也有相当多的笑话内容深

---

① 徐树丕：《识小录·吴优》。
② 明代袁无涯刊《水浒传》第53回评语。

刻、耐人寻味。更重要的是，笑话所取笑的范围广泛，经常超出了正统观念的束缚。徐渭（1521—1593）在《东方朔窃桃图赞》中提出了"无所不可，道在戏谑"的命题，就表现了一种随情适意、睥睨一切的思想作风。事实上，对晚明文人来说，谐谑主要是对神圣庄严的一种消解，所谓"笑能疗腐"，"眼孔小者，吾将笑之使大；心孔塞者，吾将笑之使达"①。所以他们把世界看成一大"笑府"，用冯梦龙在《广笑府序》中的话来说，就是：

> 尧与舜，你让天子；我笑那汤与武，你夺天子；他道是没有个傍人儿觑，觑破了这意思儿，也不过是个十字街头小经纪。还有什么龙逄、比干伊和吕，也有什么巢父许由夷与齐，只这般唧唧哝哝的，我也那里工夫笑着你。我笑那李老聃五千言的《道德》，我笑那释迦佛五千卷的文字，干惹得那些道士们去打云锣，和尚们去打木鱼，弄儿穷活计。那曾有什么青牛的道理，白牛的滋味，怪的又惹出那达摩老臊胡来，把这些干屎橛的渣儿，嚼了又嚼，洗了又洗。又笑那孔子的老头儿，你絮絮叨叨说什么道学文章，也平白地把好些活人都弄死。又笑那张道陵、许旌阳，你便白日升天也成何济，只这些未了精精儿，到底来也只是一淘冤苦的鬼。

在这里，一切神圣的东西都成了笑柄。这种前所未有的放肆，不

---

① 韵社第五人：《题〈古今笑〉》，引自丁锡根编：《中国历史小说序跋集》，中册，第657页，北京：人民文学出版社，1996年。

但冲击了以往高高在上的偶像，也瓦解了种种清规戒律，使人们的精神世界得到了极大的解放。

我们不妨举几个例子看看。在冯梦龙编的《笑府》中，有这样一个笑话：

> 夫子责宰予以朽木粪土，宰予不服曰："吾自要见周公，如何怪我？"夫子曰："日间岂是梦周公时候？"宰予曰："周公也不是夜间肯来的人。"

据《论语》记载，宰予大白天睡觉，孔子批评他就像朽木一样雕刻不得，像粪土之墙不可粉饰。而孔子也感叹过自己太衰老了，很久没有梦见周公这个寄托着他的理想的人物。这一则笑话就是拿儒家的经典开玩笑，实在是大胆得很。在《笑府》中还有一个笑话说：

> 两人相诟于途。甲曰："你欺心！"乙曰："你欺心！"甲曰："你没天理！"乙曰："你没天理！"一道学闻之，谓门人曰："小子听之，此讲学也。"门人曰："相骂何称讲学？"曰："说心说理，非讲学而何？"曰："既讲学，何为相骂？"曰："你看如今道学先生，哪个是和睦的。"

看过本书第一章，我们知道，这个笑话的出处就是王阳明的讲学。这里借题发挥，对当时的假道学予以了辛辣的讽刺。

这种放肆的笑话在日常生活中也随时可能出现，如《广笑府》中有一个笑话也是取笑儒家经典的：

> 众客饮酒,要"譬"字《四书》一句为令,说不出者,罚一巨觥。首令:"譬如为山。"次曰"譬如行远必自迩"以及"譬之宫墙"等句。落后一人无可说得。乃曰:"能近取譬。"众哗曰:"不如式,该罚。如何'譬'字说在下面?"其人曰:"屁原该在下,诸兄都不说自己倒了,反来罚我。"

这种粗鄙与神圣的经典联系在一起,在当时的文化背景下,虽然不一定是惊世骇俗的,也确实是不成体统的。它反映的正是一种思想上的狂放不羁。

当然,尊情、崇俗、尚真、求趣的创作动机并不意味着传统政教理论的全面退却,毋宁说,在情、俗、真、趣中,无不渗透着正统的道德观念。最突出的体现是道德劝惩的思想在小说创作中成了无往而不在的旗子或幌子,几乎所有的小说在序言或相关的说明中,都要声称自己的作品有助于道德教育,连"淫书"《金瓶梅》也有所谓"曲终奏雅",在作了大量的色情描写后,仍然要在小说的表层结构如一些篇首诗以及小说的结局表明诫淫惩贪的主张。可以说,至少在表面上符合最基本的道德要求,是社会对通俗文学容忍的底线,也形成了通俗文学创作的一种规范。

也正因为如此,通俗小说在社会文化生活中的影响变得越来越突出。有人甚至说:"古有儒、释、道三教,自明以来,又多一教,曰小说。小说演义之书,未尝自以为教也,士大夫、农、工、商贾,无不习闻之,以至儿童、妇女不识字者,亦皆闻而如见之,是其教

---

① 钱大昕:《正俗》,《潜研堂文集》卷17。

较之儒、释、道而更广也。"①虽然说这段话的人是从批评的角度来说的,但把小说作为一种新的意识形态,将其文化作用与儒、释、道并举,以喻其对民众影响之深广,正与明中后期如袁宏道等高抬小说于经书之上,殊途同归了。

二 小说中的市井社会

重要的是,我们在明中叶以来产生的小说形象世界中,可以生动地把握时代的变化。比如《西游记》①,这一宗教题材的小说在形象构成的方式上给人以荒诞不稽的感觉,而实际上,它却具有鲜明的世俗化倾向。举一个简单的例子,唐僧师徒西天取经,一路上经过了许多都市,这些都市实际上正是明中叶商品经济

图8 明万历世德堂刊《西游记》插图

---

① 今存万历二十年(1592)世德堂刊本,署"华阳洞天主人校",一般认为作者是吴承恩,但也有不同看法。

蓬勃发展的城市的缩影。朱紫国里"六街三市货资多，万户千家生意盛"（第六十八回），比丘国内"酒楼歌馆语声喧，彩铺茶房高挂帘。万户千门生意好，六街三市广财源。买金贩锦人如蚁，夺利争名只为钱"（第七十八回），而面对这种繁华，唐僧竟不由地称赞："所谓极乐世界，诚此之谓也。"（第八十八回）很明显，作者把商业繁荣看成是一个社会清平安宁的象征和标准，把热闹繁华的城市视为"极乐世界"，正是受到当时社会经济发展的影响。

如果这种世俗化倾向出现在一部普通的世情小说中也许并不显眼，但出现在这部神魔小说中，就成为明中叶以后思想解放时期的重要标志。我们可以看到，在取经路上大大小小的困难和障碍，不论是神佛有意安排的，还是妖魔的阴谋陷害；不论是自然的灾害，还是社会的冲突；也不论妖魔有多少宝贝、多大神通，都被孙悟空等一一克服。它显示了一种生机勃勃的自信，这种自信实际上就是人对自我的肯定。而与以前的小说相比，《西游记》更自觉地以人物为情节的中心。作者以幻想的形式描绘了一个具有悠久历史的民族，在漫长而曲折的过程中所显示出的精神风貌。其飞扬生动的想象所创造出来的虚实相生的艺术世界，使这部小说超越时空界限，获得不同时代、不同年龄甚至不同民族读者的喜爱。

至于那些正面描写市井社会的作品，就表现出了更浓厚的市民意识。《金瓶梅》[①]的出现就是一个鲜明的例证。这部小说从《水浒传》纷繁的英雄传奇中，单单演绎出一个商人家庭的故事，在中国文学史上是前所未有的创造，其间对世态人情的描写，特别是对西门庆这一商人复杂性格的刻画和对他众妻妾矛盾的表现，全面而生

---

① 今存万历刻本《金瓶梅词话》及崇祯年间刊《绣像金瓶梅》。

动,为小说史由英雄、神魔转向普通人,开辟了广阔的道路。

表面看,《金瓶梅》所写的不过是西门庆一家的日常生活琐事,但由西门庆这一普通商人发家致富、称霸一方的变化过程以及他纵欲荒淫、花天酒地的生活方式,作品实际上触及了明代中叶以后商品经

图9 明崇祯本《金瓶梅》插图

济迅猛发展的时代特征。在艺术上,《金瓶梅》也有很突出的成就。应该说,以长篇小说的规模展示世俗社会的芸芸众生,无论从结构上,还是从描写上,对小说家来说都是一个新的挑战,而《金瓶梅》却相当成功地对题材进行了扩展与提炼,使西门庆一家的兴衰通过家庭内部的矛盾连成一个纵横交错的整体,人物的性格也得到了细致入微的表现。虽然在暴露社会黑暗与表现人的贪婪欲望方面,作品的分寸感有时略显把握不当,但总体上却保持着一种严肃冷峻的现实主义态度和笔法。

在"三言二拍"①中，我们也可以看到很多普通市民的形象，他们真正成为了文学作品的主人公。例如《喻世明言》中的《蒋兴哥重会珍珠衫》，极其细致地刻画了商人蒋兴哥和他的妻子王三巧与另一对商人夫妻复杂的感情纠葛，作者以同情的态度描写了人物为正统观念所排斥的情欲，正是基于对商人生活的理解。《醒世恒言》中的《施润泽滩阙遇友》则表现了市民的道德意识。小说的主人公施复是只有一张织机的小生产者，当他捡到六两银子时，最初的想法是用它作为本钱，并由此对未来十年都作了规划。这原本也是人之常情，是可以理解的。但当念头一转，以己度人地替失者考虑之后，还是决定等失主来寻，还给了失主。在"利"与"义"的矛盾中，他最终选择了"义"。不过，这个"义"与儒家所强调的那种至高无上的"义"略有不同，它是建立在设身处地、将心比心的基础上的体谅与观照，而这是市民社会得以发展的润滑剂，也正是为什么后来作者特意安排了一个善有善报结局的用意，它表明施复后来的发家致富正与他的这种本分是分不开的。而《乔太守乱点鸳鸯谱》则以喜剧的形式，表现了市民婚恋生活中的新观念。

"三言二拍"还正面描写了商人的经商活动。如《拍案惊奇》中的《转运汉遇巧洞庭红》就饶有兴致地讲述了一个商人在海外贸易中侥幸致富的传奇经历。小说的主人公文若虚因屡次经营失利，受到世人的轻侮。后来，他跟随一伙做海外贸易的商人出海，没有本钱的他，只带了一篓橘子上船，没想到这东西在吉零国却是稀罕物，

---

① 冯梦龙编"三言"之《喻世明言》初刊于1624年，《警世通言》初刊于1624年，《醒世恒言》初刊于1629年。凌蒙初著"二拍"之《拍案惊奇》初刊于1628年，《二刻拍案惊奇》初刊于1632年。

卖得八百两银子。返回途中，由于遇到风浪，船被迫停靠于一荒岛。他登岸拾得一鼍龙壳，船到福建，这个鼍龙壳被识宝的波斯商人发现，出五万银子买下。原来此物肋间有二十四颗大珠，乃无价之宝。而文若虚也时来运转，成了一个富商。他的奇特经历，表现了明中叶日渐发达的海外贸易在人们心中激发的憧憬与想象。

在《转运汉遇巧洞庭红》中还有一个极具象征意味的描写，当波斯商人宴请海外归来的众商人时，"只看货单上有奇珍异宝值上万者，就送在首席。余者看货轻重，挨次坐去，不论年纪，不论尊卑"。这种按照货单价值的多少排坐次的"规矩"其实就反映了社会价值观念的转变。如果与此前的文学作品相比较，我们可以更具体地感受到商人地位的提高。在《醒世恒言》之《卖油郎独占花魁》中，一个小商贩竟然迎得了"花魁娘子"的芳心，而在以往的爱情作品中，商人从来都是作为鄙俗的反面角色出场的；在《二刻拍案惊奇》之《叠居奇程客得助》中，美丽多情的海神竟然光顾商人的卧室，而在以往的小说中，这类仙女一向只垂青于纯朴农民、本分书生。

虽然"三言二拍"在取材与描写中，仍保留了早期话本小说重视情节离奇曲折的特点，但小说家也强调在"庸常"中见"真奇"[①]，显示出对待现实生活的更为客观的态度。

[①] 笑花主人：《今古奇观序》，参见丁锡根编：《中国历史小说序跋集》，中册，第793页，北京：人民文学出版社，1996年。

三　舞台小世界

就在小说蓬勃发展的同时，戏曲也自元代走向成熟并出现第一个高峰后，不断发展，高潮迭起。与小说创作略有不同的是，戏曲一方面也不断吸收来自民间的养分，另一方面又有很多著名文人参加到戏曲的创作中来。而后一点不仅与元代戏曲家的情况完全不同，也是同时小说家所不及的。在明代，很多官僚士大夫以度曲填词为风雅之举。沈德符说："近年士大夫享太平之乐，以其聪明寄之剩技。吴中缙绅留意音律，如太仓张工部新、吴江沈吏部璟、无锡吴进士澄，俱工度曲，每广座命伎，即老优名倡俱皇遽失措，真不减江东公瑾。"[①]这使得戏曲创作更多地受到了雅文化的影响。昆曲后来在四大声腔[②]中独领风骚，与文人剧作家的创作就密不可分。

明代万历之前，昆山腔还只是流行于吴中的"小集南唱"的清曲。嘉靖、隆庆年间，魏良辅对昆山腔作了很大的改革与发展，改革后的昆山腔清柔婉转，悠扬徐缓，以优雅的艺术风格，将传统戏曲的抒情性发挥到了极致。而梁辰鱼的《浣纱记》则是第一次将昆曲搬上剧坛。

[①] 《万历野获编》卷24。另，明代进士及第并入仕途的戏曲家有陈沂、李开先、胡汝嘉、秦雷鸣、谢谠、汪道昆、王世贞、张四维、顾大典、沈璟、陈与郊、屠隆、龙膺、郑之光、汤显祖、谢廷谅、王衡、施凤来、阮大铖、魏浣初、叶宪祖、范文若、吴炳、黄周星、来集之等，清代依然有不少进士戏曲家，如蒋士铨等。一些戏曲家虽然没有功名，但同样是著名的文人，如徐渭等。陈大康《明代小说史》（上海文艺出版社2000年版）曾列表说明明代官员、名士与通俗小说的关系，确实值得重视。但总的来说，他们所涉及的作品主要只是《三国演义》、《水浒传》、《金瓶梅》等数种，与官员士大夫参与戏曲的深度和广度还是有明显差异的。

[②] 明代戏曲四大声腔是余姚腔、海盐腔、弋阳腔、昆山腔。

图 10 明人演戏图

自万历初年，昆曲很快地扩展到江、浙各地，成为压倒其他南戏声腔的剧种。随后由士大夫带进北京，与弋阳腔并为玉熙宫中大戏，当时称为"官腔"。从此，昆曲俨然成了剧坛的盟主，成为明清两代拥有最多作家和作品的第一声腔剧种。昆曲的剧目非常丰富，剧本文词典雅华美，文学性很高；表演的舞蹈性也很强，并与歌唱紧密结合，以一种完美的表现方式向人们展示着世间的万般风情。中国戏曲的文学、音乐、舞蹈、美术以及演出的身段、程式、伴奏乐队的编制等等，可以说都是在昆曲的发展中得到完善和成熟的，因而它对京剧和川剧、湘剧、越剧、黄梅戏等许多剧种的形成和发展也有过直接的影响,以致人们常常把昆剧称为"百戏之祖"。所以,联合国教科文组织宣布昆曲为世界首批"人类口头遗产和非物质遗产代表作"。

在昆曲成熟的同时,戏曲创作也出现了一个高潮,涌现了一大批优秀的剧作。汤显祖(1550—1616)的《牡丹亭》就是一部至今仍广受欢迎的传奇剧。这出戏的剧情奇异到了令人叹为观止的程度,剧本描写南安太守杜宝有一个女儿杜丽娘,夫妇俩十分爱惜她,为她聘请了一个老师专门教她学习,这个迂腐的老师令杜丽娘感到索然无味,在侍女春香的引导下,杜丽娘到后花园去游览,生机勃勃的后花园使她产生了一种青春的紧迫感:

> 原来姹紫嫣红开遍,似这般都付与断井颓垣。良辰美景奈何天,赏心乐事谁家院!朝飞暮卷,云霞翠轩,雨丝风片,烟波画船,锦屏人忒看的这韶光贱。

游园之后,她在花园里的牡丹亭小睡了一会儿,并且做了一个奇特的梦,梦中她与一个风度翩翩的才子有了一段美好的感情。此后,她念念不忘梦中的情景,以致相思成疾,抑郁而死。死后葬在花园的一株梅树下。不久,有一个游学的青年柳梦梅,借住在花园的梅花观中,偶然拾到杜丽娘生前的自画像,于是见像生情,梦见了杜丽娘。杜丽娘告诉他使自己复活的办法,柳梦梅与复活了的杜丽娘结成了美满的姻缘。

一个少女为了梦中情人,竟然可以出生入死;而这个梦中情人居然也真实存在,并且与她心有灵犀,这种离奇的情节看上去有些荒诞,但作者就是有意通过近乎荒诞的情节弘扬人的美好感情。汤显祖在《牡丹亭题词》中说:"情不知所起,一往而深,生者可以死,死可以生。生而不可与死,死而不可复生者,皆非情之至也。"他在"情"与"理"的关系上,反对宋明理学家的以理制情,比之于泰州学派更为激进,更为彻底。①

高濂的《玉簪记》也是一个很有名的爱情题材的戏曲。作品描写金兵南下时,少女陈娇莲与母亲失散,入金陵女贞观出家,取法名妙常。女贞观主的侄子潘必正会试落第,暂住女贞观,与妙常相爱。观主逼潘必正赴试,妙常雇船追赶,哭诉别情,并以玉簪相赠。后来潘必正登第得官,二人团聚。剧本通过妙常冲破清规戒律束缚的大胆举动,在寺庙这个特定的场景下,幽默风趣地表现了个性解放意识的深入。

虽然前人有"传奇十部九相思"的说法,但从总体上看,明代后期以来的戏曲创作从题材和风格来说,并不单调。如沈璟的《博笑记》就十分别致。这个剧本由十个独立的故事组成,每个故事二至四出,短小精悍。如《乜县丞竟日昏眠》是依据当时一个流传颇广的笑话改编而成的,描写崇明县丞终日昏昏欲睡,不但在衙门昏睡,在去拜访乡宦等候主人时也睡着了。而乡宦见他睡了,也相对打盹。两人一个醒来,见另一个在睡,觉得不便打扰,于是交替入睡,一天就这样昏昏噩噩地过去了。作者通过漫画式的手法,讽刺了权势者空虚昏聩的精神状态。

明代后期的传奇还有一些与现实社会矛盾关系很密切的作品,如

---

① 参见楼宇烈:《汤显祖哲学思想初探》,载《汤显祖研究论文集》,北京:中国戏剧出版社,1984年。

《鸣凤记》直接针对当时的奸相严嵩,旗帜鲜明,时效性和政治性都极强。明清之际的李玉是一位杰出的戏剧家,他的《万民安》再现了万历二十九年(1601)苏州市民反税使的斗争。主人公作为一个普通的纺织工匠,舍己救人、为民献身,是一个光彩照人的群众领袖形象,这样的形象在中国戏曲史上是前所未有的。李玉的另一代表作《清忠谱》则描写了我们在上一章中所提到的东林党人周顺昌与魏忠贤的斗争以及由此引起的一场轰轰烈烈的市民运动。剧中苏州市民颜佩韦的形象十分突出,他见义勇为,视死如归。当听说周顺昌被逮捕时,他反对去求官府的主张,说:"求他什么!他若放了周乡宦罢了,若弗肯放,我们苏州人,一窝蜂,待我们几个领了头,做出一件轰轰烈烈、惊天动地的事来。众兄弟不可缩头缩脑,大家并力同心便了。"在他的周密安排下,众多市民冲进衙门,大闹官府。《闹诏》、《毁祠》等出,通过人物的宾白、曲词以及背景的渲染,将人山人海、如火如荼的群众斗争场面,表现得真切感人。在戏曲舞台上,这样的内容与情景都是第一次出现的,反映了戏曲创作与社会发展的同步,而这种同步发展又是与普通民众的生活息息相关的。

事实上,戏曲真正的生命还是在民间、在舞台上。而由于它在表演中所面对的接受者身份、修养各不相同,为了取悦视听,不可避免地要趋俗媚俗。因此,民间演剧始终是戏曲的一个极其重要的组成部分。[①]明末清初,职业戏班也日渐昌盛。这些戏班的戏曲演出,包括剧目选择和舞台表演,更突出商品性、技术性、娱乐性等大众审美文化的基本特征。[②]而昆曲作为文人雅士的时尚以及在宫

[①] 参见田仲一成:《中国的宗族与戏剧》,上海:上海古籍出版社,1994年。
[②] 参见郭英德:《明清传奇史》,第497页,南京:江苏古籍出版社,1999年。

廷相府中的走红，其富丽华美的演出氛围，刻意追求的高雅品味，使得昆曲日益走向脱离大众的境地。18世纪后期，地方戏开始兴起，它们的出现打破了长期以来形成的演出格局，戏曲的发展也由贵族化向大众化过渡，在此基础上形成的"花部"与"雅部"之争，则为雅俗的对立与交融注入了新的内容。所谓"雅部"，仅指昆曲；所谓"花部"，则指昆曲以外的各种声腔剧种。卢前曾概括地指出它们的区别：

> 昆戏者，曲中之戏。花部者，戏中之曲。曲中戏者，以曲为主。戏中曲者，以戏为主。以曲为主者，其文词合于士夫之口，以戏为主者，本无与于文学之事，惟在能刻画描摹，技尽于场上，然其感动妇孺，不与案头文章相侔也。①

不过，除了这种表现形式典雅与俚俗的区别外，更值得注意的，还是丰富多彩的地方文化以其生动活泼的特质而成为戏曲发展的动力。清代朴学大师焦循在《花部农谭》中，极力称赞花部。他特别提到幼年时曾随长辈连看了两天戏曲。第一天演的是昆曲传奇剧目，"观者视之漠然"，而第二天演的是花部剧目，观众"无不大快"，甚至"归来称说，浃旬未已"。表明了"花部"已经在群众中赢得了广大的市场。这种巨大的感染力，即使是清廷百般禁毁，也无法抑止。①正是在各地地方戏全面兴盛繁荣的基础上，随着四大徽班的进京，

---

① 卢前：《明清戏曲史》，《卢前曲学四种》，第84页，北京：中华书局，2006年。
① 参见廖奔、刘彦君：《中国戏曲发展史》第四卷第五章第二节，太原：山西教育出版社，2000年。

为京剧的形成创造了良好的条件。

　　京剧的出现,是中国戏曲史上的一个重大事件,它标志着"花雅之争"的结束,花部取得了决定性的胜利。而朝野并存、五方杂处的京师文化,使京剧融会了宫廷趣味与民间精神、南方风情与北方神韵,成为古代戏曲艺术的光辉总结。就剧目创作而言,京剧没有出现过能与关汉卿、汤显祖等相媲美的剧作家,多数剧目都是从昆曲剧本改编而来的。但它综合各种地方戏的表演艺术,曲词远较昆曲通俗,题材内容也多为市民喜好,因而流传日益广泛,最终成

图11 梅兰芳、言慧珠表演的京剧《牡丹亭》剧照

为所谓"国剧"。

戏曲在中华文明史上的意义并不只限于它是一种民众喜闻乐见的艺术活动。实际上，它在展示历史、传承文化，进而形成中国民间基本的价值观念与道德标准方面，也发挥了举足轻重的作用。与此相类似，明清时期兴盛一时的弹词等众多说唱文学，也都是寓教于乐的艺术形式，只是由于它们更为零散，至今还没有得到充分的重视与研究。

尽管小说戏曲等艺术形式在明清社会有广泛的群众基础，但社会的变革仍然为它们的发展提出了新的要求。1904年，《二十世纪大舞台》创刊，柳亚子在《发刊辞》中，正式打出了"戏剧改良"的大旗，与当时其他方面的改革相呼应，其意义当然不只在于戏曲的变革，而且揭开了传统文艺迈向新世纪的序幕。但最突出的变化恐怕还是来自小说。小说界革命来得如此迅猛，完全改变了人们对这一文体长期的歧视态度。梁启超、严复等人是小说观念变革的发动者。最初，他们还只是把小说看成对大众进行初级教育的一种手段。由于受到西方民主思想，特别是日本维新成功的影响，他们开始把小说看成"国民之魂"，并认为"小说为文学之最上乘"[1]，在此基础上，他们重新审视了明清小说对整个社会的巨大影响力。由于他们把古代小说看成是"吾中国群治腐败之总根源"[2]，所以，他们认为改良社会应从小说开始，把小说作为改良社会的最有效的方式。由此，推动了小说创作的又一次繁荣。据《中国通俗小说总目提要》

---

[1] 语见梁启超《论小说与群治之关系》。狄葆贤的《论文学上小说之位置》也有类似的提法。两文均参见陈平原、夏晓虹编：《二十世纪中国小说理论资料》，第1卷，第50、78页，北京：北京大学出版社，1997年。
[2] 《论小说与群治之关系》。

著录，从道光二十年（1840）至光绪二十六年（1900）的六十年间，一共出版小说133部，平均每年2.2部，而从光绪二十七年（1901）至宣统三年（1911）的十年，却产生了通俗白话小说529部，平均每年48部。特别值得注意的是，相当一批小说与现实政治密切相关。可以说，中国小说乃至中国文学从来没有这样全面、直接地介入现实社会，而"雅"与"俗"的界线也被抹平了。一向受压制的卑微文体骤然由边缘跃入中心，成为全社会关注的焦点。小说也就从传统的娱乐文化与劝惩意识中超越出来，充当起了社会改良的工具。

第三章 文人情怀

明中叶以后的文学艺术除了在表现世情方面有了很大的发展，在抒写文人倡导的"性情"世界方面也有所加强。"性情"一词是中国古代哲学和文学的一个常用术语，含义游移不定。与传统儒学的尊性抑情有所不同，明代以后的诗文作家在标举此词时，往往更重视人的自然感情。所以，有人用"情性"（如李贽），也有只用一个"情"字（如汤显祖）的，还有用"性灵"（如屠隆、袁宏道及清代袁枚等）的。兼而用之的，也不在少数。其间强调的侧重点虽可能不一样，但基本思路与核心指向是大体一致的，即主要指"诗人进行创作时那一片真情，一点灵犀"①。如果说前者主要是满足世俗社会的文化渴望,那么后者主要源自知识阶层自身的精神诉求。

一 独抒性灵

明中叶以后通俗文学的迭兴与变奏,强烈地刺激了文学艺术家的创作热情,并引发了他们对自身创作的变革欲望。这种变革欲望的深层意义在于中国人的精神世界受到越来越自觉的审视。在和平时期,它外化为一种躁动不安的情绪,或对现状——不一定是政治意义上的,也可能是日常生活的——强烈不满,或在感性追求中寻找欲望的释放口。而当国家处于激烈动荡时,自我与社会的矛盾也就比以往任何时候都显得更加突出。

如果说此前不久,前后七子还因力倡"文必秦汉,诗必盛唐"的复古而把诗文创作引入了一个进退两难的泥潭,明中后期,诗文革新的主张就日占上峰。实际上,倡导复古的文人也意识到了"真诗乃在民间",并日益成为一个广泛的共识。②而"情"的问题也越来越为人们所关注。徐渭对当时的诗歌创作提出过这样的批评:

> 古人之诗本乎情,非设以为之者也,是以有诗而无诗人。迨于后世,则有诗人矣,乞诗之目多至不可胜应,而

---

① 参见袁行霈:《中国文学概论》,第137页,北京:高等教育出版社,1989年。
② 李梦阳在《诗集自序》(《空同集》)中十分赞赏友人王叔武提出的"真诗在民间"的观点。李开先也明确说过"真诗只在民间",见《李开先集·市井艳词序》。此外,徐渭、冯梦龙等,都对民歌推崇有加。但其间也略有差异,冯的观点更具有批判性。

图12 浙江绍兴市现存徐渭的青藤书屋

诗之格亦多至不可胜品,然其于诗,类皆本无是情,而设情以为之。……审如是,则诗之实亡矣,是之谓有诗人而无诗。①

此后,对"情"的提倡成为明代后期诗文理论最突出的现象,如汤显祖说:"世总为情,情生诗歌。"②吴从先说:"昔人谓文章与时高下,余谓文章与情浅深。……情也者,文之司命也。"③就这一点而言,可以说在观念上与当时的小说戏曲对"情"的弘扬是殊途同归的。

---

① 《肖甫诗序》,《徐文长三集》卷19。
② 《耳伯麻姑游诗序》,《汤显祖诗文集》卷31,上海:上海古籍出版社,1982年。
③ 《小窗四纪·艳纪序》。

在创作上,这一时期的诗文则表现出了对主体意识的更强烈的关注。徐渭的思想就包含了更多的个性化因素。他在《自为墓志铭》中写道:

> 山阴徐渭者,少知慕古文辞,及长益力。既而有慕于道,往从长沙公究王氏宗。谓道类禅,又去扣于禅。久之,人稍许之,然文与道终两无得也。贱而懒且直,故悼贵交似傲,与众处不浼袒裼似玩,人多病之,然傲与玩,亦终两不得其情也。

这种不为人所理解的痛苦,一度导致了他选择弃世。而他的诗、文、书、画、戏剧创作,则无不表现了他对社会的独特感受。比如他的杂剧《狂鼓史》,剧情极其简单,从头到尾完全是写祢衡痛斥曹操,然而其中悲愤激越、刚烈倔强之气如决堤之流,奔腾而下,正是徐渭内心痛苦的集中宣泄。而像徐渭这样特立独行的文人,在明中后期并不在少数。

在第一章中,我们已经提到过的李贽,他的疏狂怪异、孤高傲世的个性特征就比徐渭有过之而无不及。所不同的是,徐渭主要是通过自己的创作抒发内心的不平,而李贽则把这种激情化作了思想探索的动力。在题为《童心说》的文章中,李贽强调了"童心"对文学创作的重要意义,他声称:

> 苟童心常存,则道理不行,闻见不立,无时不文,无人不文,无一样创制体格文字而非文者。诗何必古选,文

何必先秦。降而为六朝，变而为近体，又变而为传奇，变而为院本，为杂剧，为《西厢记》，为《水浒传》，为今之举子业，皆古今至文，不可得而时势先后论也。

这是一种极为通达的文学观。师事李贽的袁宏道（1568—1610）继承了他的这一思想，不过，他的语言更感性。他在《叙陈正甫会心集》中说"世人所难得者唯趣"，而这种"趣"的迷失也是由于"闻见知识"所致，所谓"入理愈深，然其去趣愈远矣"。所以，他们总是力图以自己的创作维护与弘扬所谓童心与真趣。袁宏道说：

> 文章新奇，无定格式。只要发人所不能发，句法字法调法，一一从自己胸中流出，此真新奇也。独抒性灵，不拘格套，非从自己胸臆流出，不肯下笔。①

最能反映这一时期文人思想情趣的是所谓小品文。作为一种"文类"，它包括了许多具体的文体，诸如序、跋、记、尺牍等都可以称为"小品"。虽然在中国历史上，小品文的创作可以说是源远流长，但明代后期小品文还是占有突出的位置。这是因为：一、在数量上，晚明小品文特别多，几乎所有著名的文人都有这方面的创作；二、也是更重要的，晚明小品文表现出了一种与此前的类似创作不尽相同的思想倾向与艺术风格。袁宏道的《晚游六桥待月记》就是一篇精彩的小品文，其中写道：

---

① 《叙小修诗》，《袁宏道集校笺》卷2，上海：上海古籍出版社，1981年。

> 西湖最盛，为春为月。一日之盛，为朝烟，为夕岚。今岁春雪甚盛，梅花为寒所勒，与杏桃相次开发，尤为奇观。……余时为桃花所恋，竟不忍去。湖上由断桥至苏堤一带，绿烟红雾，弥漫二十余里。歌吹为风，粉汗为雨，罗纨之盛，多于堤畔之草，艳冶极矣。然杭人游湖，止午、未、申三时，其时湖光染翠之工，山岚设色之妙，皆在朝日始出，夕春未下，始极其浓媚。月景尤不可言，花态柳情，山容水意，别是一种趣味。此乐留与山僧游客受用，安可为俗士道哉！

这里，袁宏道不仅精心描写了西湖山水之美，而且着意表现了一种文人高雅闲适的审美心态。这种审美心态不但与市井流俗之辈的趣味不同，与传统山水诗中的模山范水也有很大差别，毋宁说它是两者融合后的一种升华。其间既有前者感性化、大众化的特点，又有后者空灵化、艺术化的内涵。也就是说，小品文是一种完全个性化书写，它具有仓促间无法、作者很可能也不愿完全纳入传统诗学理想与表现方式中的感觉与情趣。所以，我们在袁宏道的《初至西湖记》中还可以看到这样的描写：

> 从武林门而西，望保叔塔，突兀层崖中，则已心飞湖上也。午刻入昭庆，茶毕，即棹小舟入湖。山色如娥，花光如颊，温风如酒，波纹如绫，才一举头，已不觉目酣神醉。此时欲下一语描写不得，大约如东阿王梦中初遇洛神时也。

作者从色、态、情等方面，用形容女性的词采，来表现山光水色的秀丽，显示出对自然的爱恋。而这与作者的生活态度是息息相关的。实际上，明中叶很多文人在小品文中都是把自然与官场、世俗社会相对比的。虽然这样的对比并不是从他们开始的，但在对比中，流露出的不是刻意追求的超凡脱俗，而是对生活，甚至对欲望的一种新的发现与体验，这也使他们的烟霞之癖不同于一般的寄情于山水。袁宏道在另一篇游记《开先寺至黄岩寺观瀑记》中说：

> 既至半，力皆惫，游者皆昏昏愁堕。一客眩思返，余曰："恋躯惜命，何用游山？且而与其死于床笫，何若死于一片冷石也。"

正是这种生死以之的投入，使得大自然成了他们生命的体现，而不仅仅是作为一种陪衬而与官场或世俗对立。当一些晚明士人不再把道德完善作为至关重要的理性追求，甚至率真直露地将离经叛道的生活方式当成一种理想时，如袁宏道所谓的"快活论"①，他们就在个人的"性情"与"世情"上画了一个等号。除非自然生命极限的警示，没有什么能使他们放弃这种选择。从这一角度看，我们对他们所强调的"性灵"也可以有更深切的理解。所谓"性灵"，可以作种种剖析，但其核心却是人与生俱来的自由意志与真实感情。

对于"性灵"所具有的个性化内涵，清代袁枚（1716—1797）可以说是深得其中三昧的。他生活通脱放浪，独立不羁，所以也特

---

① 《龚惟长先生》，《袁宏道集校笺》卷5。

别重视文学的个性。他认为"诗者,各人之性情耳"①,"作诗不可无我"②,并在此基础上,明确提出:"从三百篇至今日,凡诗之传者,都是因于性灵,不关堆垛。"③在这里,袁枚彰显了"性灵"在文学创作中不可替代的历史地位,这与传统的"诗言志"的观念显然是有区别的,与陆机以来的"诗缘情"说也有不同。在创作中,袁枚也是如此。他的不少诗作虽然说不上是什么惊世杰作,却鲜明地表现了他对个性的弘扬。如《苔》:

> 各有心情在,随渠爱暖凉。青苔问红叶,何物是斜阳?

在寓言化的描写中,简淡而不失情趣地表达了对自然界丰富多彩的生命形态的赞赏和玩味。在《湖上杂诗》中,他写道:

> 桃花吹落沓难寻,人为来迟惜不禁。我道此来迟更好,想花心比见花深。

同样表现了一种对待生活的与众不同的心态。

最主要的是,无论袁宏道还是袁枚,他们强调"性灵",都不只是一种单纯的正面提倡,而是有着明确的针对性的。从人生观上说,是个性解放反抗精神束缚;从文学观上说,则是对复古主义的反拨。问题不在于这种说法是否深刻、准确,而在于文学家对个性的重视

---

① 《随园诗话补遗》卷1,《随园诗话》,北京:人民文学出版社,1982年。
② 《随园诗话》卷7。
③ 《随园诗话》卷5。

已经到了如此强烈的程度，它不但有可能冲击传统的政教理论和由此形成新的诗学理想，而且有可能冲击受儒家思想支配的理想人格与价值观念，五四时期的一些文学家对公安派、性灵说的欣赏与肯定正是基于这一思想根源。

二 瀚墨精神

在明中叶以后诗文创作追求性灵的抒写的同时，书画创作也发生了相应的变化。自古以来，中国就有诗书画相通的观念。但明中叶以后，文学与书画的关系却比以往更密切，徐渭曾这样评价自己的创作："吾书第一，诗次之，文次之，画又次之。"在他的创作理念中，诗文书画是可以相提并论的，都是他精神世界的体现。其实，不仅徐渭如此，许多明清文人也都是诗文书画兼长的。不但如此，他们还在创作中往往采用诗书画相配合的形式，使不同艺术形式相映成趣，相得益彰。本来，中国古代画家作画早就有在画幅空白处题诗烘托画旨、平衡疏密的传统，而明中叶以后书画艺术家尤精此道。如明代的文徵明，诗书画三者俱备，各全其美。人们在欣赏他的画的同时，又欣赏他的诗及题诗的书法。[①]清代石涛《黄牡丹图轴》甚至以五分之三的篇幅题诗兼作跋，他的《淮扬洁秋图》也题有一首淮扬怀古的长诗。可见，诗在画作中占有十分重要的位置。

事实上，如果没有题画诗，许多画的旨趣是难以充分表现的。如郑板桥有大量的墨竹图，这些竹子虽千姿百态，但毕竟是抽象的

---

① 刘纲纪：《文徵明》，第171页，长春：吉林美术出版社，1996年。

艺术符号。只有在欣赏画面的同时,吟咏郑的题诗,接受者才能更好地体味出其间不同的意趣。如"咬定青山不放松,立根原在破岩中。千磨万击还坚韧,任尔东西南北风",此是以竹喻坚定不移的品格;"无多竹叶没多山,自有清风在此间。好待来年新笋发,满林青绿翠云湾",表现的则是一种期待;"衙斋卧听萧萧竹,疑是民间疾苦声。些小吾曹州县吏,一枝一叶总关情"①,这是借题发挥,寄寓了画家的关心民瘼的思想感情。凡此种种,不一而足,都表现出诗画一体的创作特点。

当然,明中叶以后书画领域的变化是全方位的,不只是所谓诗画一体而已。重要的是,一方面,绘画在与小说戏曲等联姻中,显示出了与世俗文化一样的大众化甚至商业化的品格;另一方面,书画家们又不断地在艺术创作中追求个性化与文人精神的表现。

在上一章,我们提到了小说戏曲的繁荣,而与小说戏曲相伴而生的还有版画的兴盛。为小说戏曲加插图在明中叶以前已出现,《全相平话五种》上图下文,首尾相连,总计有228图,制作古朴,为后来明中后期建安派上图下文式小说的刻印提供了范本。明代弘治戊午年金台岳家刊印《新刊大字魁本全相参增奇妙注释西厢记》画面更达273幅之多。即使抛开《西厢记》原文,也可以根据画面来获知故事的情节。明中后期,小说戏曲附有大量插图,尤为普遍。它们往往逐回逐段插画,依文变相,图文并茂,展现小说戏曲中的人物与情节,富于生活气息,较之传统的山水画所表现的意趣与主题迥然不同。如《新刻批评绣像金瓶梅》有图一百叶二百幅,是明末

---

① 以上均引自《郑板桥集》,上海:上海古籍出版社,1979年。此集收录郑板桥题画竹七十余则。

徽派版画①的代表作。《金瓶梅》人物众多，情节复杂，镌图者悉心体会原著所描写的市井豪门的家庭生活场景，以写实的手法一一捕捉在图版中，细密繁复而又富于变化。值得注意的是，小说戏曲的版画并非完全依附原著，实际上也是对文学作品进行的一种特殊的再创造。

由于版画技术的成熟②和影响的扩大，一些技艺高超的专业刻工开始与著名画家通力合作。陈洪绶、王之衡、郑千里等杰出的画家，都为雕版绘制过高质量的画稿，而在同时，也产生了

图13 崇祯年间刊本明陈洪绶《水浒叶子》

如项南洲、刘素明、刘龙田等优秀的刻工。这两类人的精诚合作，为中国艺术的雅俗交融提供了一种新的形式，并直接促成了中国历史上版画的鼎盛局面的出现，孕育了一批传世佳作。如陈洪绶作画、徽州黄氏木刻的"博古叶子"、"水浒叶子"③及《离骚》插图，历来为人们所称道，其中有的作品更达到了极高的艺术水准，在文人画家喜画

---

① 明代中后期版画各地风格不尽相同，学界一般分为建阳、金陵、徽州、苏州、杭州、吴兴等派，参见冯鹏生《中国木版水印概说》（北京大学出版社，1999年）、周心慧《中国古代版刻版画史论集》（学苑出版社，1998年）等书。
② 明代后期饾版和拱花术的发展，将中国雕印术提高到了一个新的高峰。其中饾版也就是今人所说的木版套色印刷，这是印刷史上的一个重大飞跃。成书于明末的《十竹斋书画谱》、《十竹斋笺谱》等，集雕印技艺于一炉，充分显示了明末彩色套印的艺术成就，堪称版画史、印刷史上的丰碑，参见前注《中国木版水印概说》第52页。
③ 所谓"叶子"，是民间的一种酒令牌子，始于宋宣和年间，晚明颇为流行。

山水花鸟而少画人物的环境中，这些以人物为中心的版画弥足珍贵。如他所作《西厢记》之《窥简》，在使戏曲情景转化为画面时，就作了大胆的发挥。他在画中安排了四扇普救寺不可能有的屏风，不但在构图上以其方折使女性面容和衣裙的圆曲形成了线条美，更重要的是屏风的设置为莺莺的偷阅张生书信和红娘的偷看莺莺表情造成了一个特定的、装饰性极强的环境，而屏风上四幅春夏秋冬的花鸟画，又以极富传统文化神韵的方式，含蓄地象征着崔张爱情的发展过程。如此丰厚的内容，显示了作者独特的艺术匠心。

本来，版画广泛表现小说戏曲内容，使其题材与艺术形式都大大世俗化了，但士大夫的大量介入版画创作则又使它在构图、用笔、意境上向文人绘画的艺术情趣靠拢，使"下里巴人"的民间艺术日趋专业化，成为一门文人案头清赏的独立艺术。① 崇祯间《新镌全像通俗演义隋炀帝艳史》之《凡例》说："兹编特恳名笔妙手，传神阿堵，曲尽奇妙。展卷而奇情艳态，勃勃如生，不啻顾虎头、吴道子之对面，岂非词家韵事，案头珍赏哉！"

与此相应的是明清文人书画的发展。明代文人，大多通晓或兼擅书画。他们认为书画是人的智慧技巧的最高体现，"人之技巧，至于画而极，可谓夺天地之工，泄造化之妙"，"凡百技艺，书上矣"②。其热衷程度，清人钱泳指出："大约明之士大夫，不以直声廷杖，则以书画名家，此亦一时习气也。"③因此，一方面，绘画取得了长足的进步。这是一个与当时流行的版画完全不同的艺

---

① 周心慧：《中国古代版刻版画史论集》，第57页，北京：学苑出版社，1998年。
② 谢肇淛：《五杂俎》卷7。
③ 《履园丛话》卷14。

术世界。如徐渭的绘画笔墨狂放不羁，追求新颖独特，着意于气韵的体现与胸襟的抒发。他作画不求形似，但求生趣，在简笔写意的画法中，创造了一个个充满个性色彩的境界。他的名画《杂花图》（南京博物院藏）打破时空界限，撷四时之精英于一图，丰润的牡丹、孤傲的霜菊、高洁的寒梅……无不充溢着强烈的表现性意味。《墨葡萄图》（故宫博物院藏），水墨葡萄一枝，叶不勾脉，干不皴擦，均以水墨点染，形简意深，画上还有徐渭题诗曰："半生落魄已成翁，独立书斋啸晚风。笔底明珠无处卖，闲抛闲掷野藤中。"一枝普通的葡萄成了怀才不遇之士的精神写照。另一方面，书法也达到了一个空前繁荣的局面。[①]徐渭、王铎、傅山、朱耷、倪元璐、黄道周等人愤世疾俗，放浪笔墨，在书法创作中表现出狂放不羁的生命力，把艺术个性发挥到了极致。

明代中后期绘画艺术的发展，有着与文学发展相似的背景。随着手工业的发达，城市经济的繁荣，苏州成为全国较富庶的大都市，画坛也十分活跃，出现了以文徵明、沈周、仇英、唐寅四大家为代表的吴派，从学者甚众，据《吴门画史》一书统计，超过八百人，成为明清两代最大的画派，莫是龙、董其昌、陈继儒等实际上都是此派的继起者。从理论与实践相统一的高度对传统文人画内涵全面、成熟的认识和总结，董其昌有不容忽视的贡献[②]，他明确地提出要将"士气"融于绘画。不但如此，他在创作中也贯彻了这种主张。董其昌擅长山水，他将书法的笔墨修养融入于绘画的皴、擦、

[①] 朱仁夫《中国古代书法史》称这一时期"书法大家比任何一个历史时期都多，书法风格流派比任何一个历史时期丰富，书体比任何一个历史时期齐备，帖学碑学比任何一个历史时期都要勃茂"。第449页，北京：北京大学出版社，1992年。

[②] 参见樊波：《董其昌》，第230页，长春：吉林美术出版社，1996年。

点、划之中，所作山川树石，柔而有骨，转折灵变，墨色层次分明，清隽雅逸。如《昼锦堂图》（吉林省博物馆藏），画面上青山绵亘，天明水净，树色苍黛，屋宇闲静，笔法外疏内实，拙中带秀，意境萧疏，气韵生动。其上有作者自识，明确表明了追求"真率"的审美主张。由于文人画以写意、传神为主，与画院画之以形似、精工为胜有明显的不同，因而它更能适合个性解放的思潮。如果置于明代后期的社会文化背景下看，董其昌的艺术思想实与李贽、袁宏道等人是声息相通的。①

绘画发展到明清之际，文人画几乎在画坛上压倒一切。虽然文人画都以传统绘画为基础，但是对待传统的态度却有模仿与创新之别。约略划分，有两大流派。一派以"四王"为代表，加上吴历、恽寿平，号称"清六家"，他们相继领袖画苑，画风以精致温穆为尚，追模古人，就其本旨而言，也是要树立文人画的模式。比如王原祁在其《麓台题画稿》中强调："画法与诗文相通，必有书卷气，而后可以言画。"但在发展进程中，这一派却衍变成了清代宫廷山水画的流行样式，王翚主持绘制的《康熙南巡图》（故宫博物院藏）就是一个代表。这一历时八年绘制的十二巨卷（66.1cm×2541cm），画面自北京永定门始，至绍兴大禹庙，再经金陵回京城，沿途城乡风光、社会生活、山川景色及康熙南巡盛况，无不尽收笔底，既是"盛世"的反映，也是宫廷画的典型。

另一派则以清初的朱耷、石涛等人和清中期的扬州画家为代表，他们敢于摆脱清初的临古风气，不受因循守旧画风的影响，大胆创新，更具个性。如前所述，南北宗论的提出，有文人标榜的性质，但

---

① 参见张少康：《董其昌的文艺美学思想》，载香港《中华国学》1989年第1期。

在理论上并非天衣无缝。当朱耷、石涛等人以更鲜明的个性出现时,这种理论其实也就完成了它的历史使命。朱耷在《题石涛疏竹幽兰图》中就称赞他在南北宗之外"自成一家"。石涛本人也说:"今问南北宗,我宗耶?宗我耶?一时捧腹曰:我自用我法。"①他们画写意山水花鸟,不事模仿,不拘成法,构图大胆,笔墨奔放,重在抒发身世之感与抑郁之气,更富于个性色彩。

朱耷,号八大山人,精于花鸟画,但不拘成法,自成一格,往往用象征、夸张、变形等手法,抒发愤世嫉俗之情,构图独特,物象奇险,笔墨洗练,风格冷隽,显示了一种孤傲倔强的个性。而石涛在理论与实践中,也表现了强烈的创新意识。他的《搜尽奇峰打草稿》以长卷的

图14 朱耷《荷花水鸟图》

---

① 《大涤子题画诗跋》卷1,李万才:《石涛》附录五,长春:吉林美术出版社,1996年。

形式，运用移步换景的手法，展示壮阔的山川，在雄浑凝重中，使人有平中见奇、咫尺千里之感，是他创作思想的鲜明反映。他在《画语录》中曾将其创作活动分为两个阶段：一是"山川脱胎于予"的阶段，一是"予脱胎于山川"的阶段。他的寄情山水，是在自然中找到了自我，又使自我回归到自然。他很有感慨地说："古人未立法之先，不知古人法何法？古人既立法之后，便不容今人出古法，千百年来，遂使今人不能出一头地也。"①在此基础上他大胆地宣称：

> 我之为我，自有我在。古之须眉不能生在我之面目，古之肺腑不能安入我之腹肠。我自发我之肺腑，揭我之须眉。纵有时触着某家，是某家就我也，非我故为某家也。②

这些观点如果置之明中后期文人思想解放的时代，也许并不显眼，但在清初学术思想界已开始转向的时期，就弥足珍贵了。

稍后的郑板桥在精神上与石涛等人可以说是相通的。他最喜画兰、竹、石，用他的话来说，"四时不谢之兰，百节长青之竹，万古不败之石，千秋不变之人"是所谓"四美"③，而人之美则往往寄托在兰、竹、石上。如他的《竹石图》画面简括，三五枝竹竿依着瘦石一块，挺拔潇洒，充满生机，而老竿新篁，墨有浓淡，层次分明。他还一反题款总是写在画幅空白处的惯例，于左下角竹石空隙间，高低不平地挥写了一段长跋，称："画竹之法，不贵拘泥成局，要在会心人得神……盖竹之体，瘦劲孤

---

① 《大涤子题画诗跋》卷1。
② 《石涛画语录·山川章第八》，李万才：《石涛》附录三。
③ 见周积寅：《郑板桥》附录四《郑板桥题画录》，长春：吉林美术出版社，1996年。

高，枝枝傲雪，节节干霄，有似士君子豪气凌云，不为俗屈。"正如他在《仪真容邸覆文第》信中说："本来画墨竹，幽人韵士，聊以抒写性情。"他笔下的兰、竹、石等也是他精神的象征。所以，他一再反对画"盆栽兰花"，认为"此画本是山中物"，其实这就是他自由意志的体现。

与郑板桥旨趣相近，并同被目为"扬州八怪"①的还有金农、黄慎等人。他们同样表现出不愿随波逐流的精神气质。他们的作品主要是以写意的方式表现梅兰竹石花鸟，构图往往比较简单，又常加题识，主题鲜明，易于理解。不但如此，他们还常画一些正统派所不屑的日常生活题材，诸如残垣、破盆、乞丐、纤夫、鬼趣、葱蒜、鱼虾等等。金农就

图15 清康熙四十年沈心友刊彩色套印本《芥子园画传》

---

① 扬州八怪，即上文所说的扬州画派，指的是清乾隆年间活跃在扬州的一批画家，具体人数因记载有别而多寡不一。或谓他们由于画风奇异而被一些人视为怪物，殆如俗语"丑八怪"。

曾在一幅画上仅画了三片红瓤黑子西瓜，并题自度曲："行人午热，得此能消渴，想着青门门外路，凉亭侧，瓜新切，一钱便买得。"诗画相映成趣，极富生活气息。①因此，他们的作品深受当时以商人、收藏家及一般市民为主的消费群体的喜爱。从这一意义上也可以说，书画这种传统的高雅艺术，与通俗小说等一样，以作品的商品化方式实现了自身的大众化、世俗化。所不同的是，它们在大众化、世俗化的同时，依然力图保持着文人的个性。可以说，世情与心灵的碰撞，也是书画艺术发展的一个动力。

三 赋到沧桑

明中叶以来文艺界对"性灵"的倡导也有与生俱来的弱点，毕竟每个人都生活在特定的社会中，文人也不可能总是沉湎于自我的精神世界。明清易代的甲申之变，带给文人的冲击就是空前的。这一方面是因为自五代以后，中国历史频繁的朝代更迭明显放慢了，一旦发生，势必引起久享升平的世人震惊；另一方面也是因为明清易代本身的剧烈与复杂。因此，明清之际的文坛迅速地从晚明末文坛对个性的弘扬转向了对时事的忧患和对历史兴亡的反思。从明中叶以后那些"独抒性灵"的诗歌一路读下来，我们仿佛忽然掉进了一个充满痛苦和愤慨的海洋。由于这些诗作有意识地借鉴了历代文人对时代变迁的抒写，特别是杜甫感时忧世的诗风，又屡屡提及历史上的朝代更迭，特别是宋代灭亡的史实，使得这一时期的诗无论在内容上，还是在形式上，都给人一种厚重感。

---

① 参见张光福：《中国美术史》，第447—449页，北京：知识出版社，1982年。

清兵入关之初,很多诗人出于义愤,通过诗歌抒写了反清复明的志向。如顾炎武、屈大均、陈恭尹、钱澄之等都有不少这种慷慨激昂的作品。吴嘉纪的诗作则突出表现了兵燹灾荒中的民生疾苦。当明代灭亡终于成为不可逆转的事实时,国破家亡的沉痛充溢诗坛,如顾炎武的《酬王处士九日见怀之作》:

是日惊秋老,相望各一涯。离怀销浊酒,愁眼见黄花。天地存肝胆,江山阅鬓华。多蒙千里讯,逐客已无家。

而这种亡国之痛在对一个朝代覆灭的哀悼中又很容易就提升为对历史兴亡的感喟。如陈忱(1613—?)的《叹燕》翻用刘禹锡《乌衣巷》的诗意:

春归林木古兴嗟,燕语斜阳立浅沙。休说旧时王与谢,寻常百姓亦无家。

又如陈恭尹(1631—1700)的《崖门谒三忠祠》:

山木萧萧风更吹,两崖波浪至今悲。一声望帝啼荒殿,十载愁人拜古祠。海水有门分上下,江山无地限中华。停舟我亦艰难日,畏向苍苔读旧碑。

诗歌借宋末抗元名臣事迹抒发充满历史感的忧伤。屈大均(1630—1696)的《过石冈州崖山吊永福陵》也用到了宋亡典故:

> 万古遗民此恨长,中华无地作边墙。可怜一代君臣骨,不在黄沙即白洋。

这种强烈的亡国之恨在书画中也有所表现。朱耷生逢明清易代,在国破家亡时不能有所作为,深感愧痛。他以擅长水墨淋漓的花鸟画和山水画著称,运用简约、夸张的笔法,表现了被压抑的心态,前人咏叹为"横涂竖抹千千幅,墨点无多泪点多"①。因此,他笔下的鱼鸟猫,不是伸腿缩颈,便是鼓腹昂头,眼中有一付对现实不屑一顾的神态,有时竟画成方形,眼珠点得黑且大,往往顶在眼眶近上角,显示着"白眼看青天"的表情,折射出他内心的孤独、悲哀、倔强和愤怒。

还有的诗人抒发了个人的气节,如归庄(1613—1673)的《观田家收获》:

> 稻香秫熟暮秋天,阡陌纵横万亩连。五载输粮女真国,天全我志独无田。

这种充满了对国家、民族热切关注的诗歌,气节崇高,感人至深。而顾炎武《友人来,座中占二绝》中的"寄语故人多自爱,但辞青紫即神仙",从反面下笔,同样警策。难怪稍后的评论家赵翼在《题元遗山集》中有曾这样的名句:"国家不幸诗家幸,赋到沧桑句便工。"对一些遗民来说,确实是在有意识地以诗为"史"。屈大均就说过:

---

① 郑板桥:《题屈翁山诗札石涛、石溪、八大山人山水小幅并白丁墨兰共一卷》,《板桥诗钞》卷3。

"士君子生当乱世,有志纂修,当先纪亡而后纪存。不能以《春秋》纪之,当以诗纪之。"①

如果说,诗歌的容量终究有限的话,那么,在小说和戏曲中,我们就看到了对时代悲剧更全面的表现。就戏曲而言,在关汉卿之后,对社会矛盾的关注逐渐在戏曲舞台淡化,"传奇十部九相思"曾经使戏曲成为消遣娱乐的工具,而明末清初的社会巨变再度唤醒了剧作家的社会责任感。从题材上看,有两种表现形式。一是借助历史寄托,一是直接敷演时事。前者如李玉的《千忠禄》和洪昇的《长生殿》。当时社会上流传的所谓"家家收拾起,户户不提防",就是分别指这两部剧作中抒发兴亡之感的两段曲子。《长生殿》所表现的李隆基、杨玉环的爱情故事,虽然是历史上的热门题材,但作者在继承前人创作的同时,有意识将李、杨"钗盒情缘"的描写与"垂戒来世"的目的联系起来,充分展现了一个王朝覆灭的历史悲剧。剧中《弹词》一出中李龟年的一段唱词鲜明地表达了作者的兴亡之感:

  唱不尽兴亡变幻,弹不尽悲伤感叹,大古里凄凉满眼对江山。我只待拨繁弦传幽怨,翻别调写愁烦,慢慢地把天宝当年遗事弹。

时事题材的作品在明清之际则形成了当时文学创作的一个热点。几乎所有重大的现实政治斗争都有相应的作品加以表现,中国古代作家从来没有如此迅速地在创作中对现实政治作出反应。虽然大多

---

① 《东莞诗集序》,《翁山文外》卷1。

数此类作品在思想上都归于正统，艺术上也较为粗糙，但它们充分表现了作家对现实的关注，特别是一些作家变时事忧患为历史反思，使作品的思想主题有所提升。如孔尚任的《桃花扇》直接取材于南明王朝的故事，是时事类戏曲的代表作。作者的创作意图十分明确，就是要通过南明的覆亡总结历史的教训。实际上，作品的意义已经超出了一朝一代的衰亡，观众从中可以领悟到一些社会发展的规律。剧中通过老艺人苏昆生之口唱道：

图 16　清刊本《桃花扇》书影

> 俺曾见金陵玉殿莺啼晓，秦淮水榭花开早，谁知道容易冰消。眼看他起朱楼，眼看他宴宾客，眼看他楼塌了。这青苔碧瓦堆，俺曾睡风流觉，将五十年兴亡看饱，那乌衣巷不姓王，莫愁湖鬼夜哭，凤凰台栖枭鸟。残山梦最真，旧境不信这舆图换稿。诌一套哀江南，放悲声唱到老。

这种故国兴废的感叹虽然在古诗中屡见不鲜，但作者将其与所谓"为末世之一救"的创作旨趣联系在一起时，就更具有一种悲怆、严峻的意味。

当社会动乱终于平静下来后，紧接着的却是"万马齐喑"般的沉寂。龚自珍的出现打破了这一沉寂，至少在诗歌创作中，他既是古典诗歌精神的总结，又是新思想的先驱。21岁时，他在《湘月》词中曾说自己"怨去吹箫，狂来说剑"，这一剑一箫可以说是他心理与个性的代表。他一生经常用此意象来表现自己的人生追求和心路历程。如《又忏心一首》"来何汹涌须挥剑，去尚缠绵可付箫"，《丑奴儿令》"沉思十五年中事，才也纵横，泪也纵横，双负箫心与剑名"等。48岁时，龚自珍辞官南返途中，写了这样一首诗："少年击剑更吹箫，剑气箫心一例消。谁分苍凉归棹后，万千哀乐集今朝。"诗中，他仍以击剑和吹箫来象征少年时代的狂侠般的豪爽之气和悱恻的怨抑之情。

其实，这种由剑气、箫心所代表的"侠骨柔情"的人生禀赋，"名臣"、"名士"兼而得之的人生追求，不只是龚自珍完全个人化的性格特征，而是他接受传统文化多种成分熏陶所养成的、二元对立统一的精神诉求。①换言之，它们也折射着古代文人具有的普遍性的文化心理。在中国古代诗歌中，"剑"往往象征着慷慨激昂的报国雄心，如屈原的《国殇》："带长剑兮挟秦弓，首身离兮心不惩。"李白的《赠张相镐》："抚剑夜吟啸，雄心日千里。"而"箫"则代表了文人的不平之鸣，常常用来抒发个人郁郁不得志的情怀。如杜甫的《城西陂泛舟》："横笛短箫悲远天。"从龚自珍来说，他一方面以天下为己任，纵论国计民生；另一方面选色谈空，以风怀与禅悦自娱。这两种精神状态本来在传统文人身上是普遍存在的，只不过龚自珍表

---

① 参见吕凡：《龚自珍诗艺发微》第四章第四节，济南：山东大学出版社，1996年。

现得更鲜明，并有意识地将其糅合成一种亦刚亦柔、刚柔相济的诗美。更重要的是，龚自珍的"一剑一箫"还具有时代特点，比如面对时弊，他力倡改革，所谓"剑气"，绝不只是个人建功立业的志向而已，而是与国家的命运紧密相联的崇高责任感。同样，所谓"箫心"也就不单是个人的不遇之感，而是在社会黑暗面前的无奈。所以，当他感慨人才的难得，就有"气寒西北何人剑？声满东南几处箫"（《秋心三首》）这样廓大的诗句，其中包含的是对整个国家与民族的忧虑。独抒性灵与赋到沧桑在龚自珍笔下得到了完美的结合。也正是在这种意义上，他成了古代诗歌光辉的殿军。

但是，这还不是龚自珍重要性的全部。由于他思想的不同流俗，他更多地被看做是改革思想的提倡者。梁启超曾在《清代学术概论》中这样评价他："晚清思想之解放，自珍确与有功焉。光绪间所谓新学家者，大率人人皆经过崇拜龚氏之一时期，初读《定庵文集》，若受电然。"不过，即便如此，随后中国社会发生的巨变，包括在文学上引起的革命，恐怕还是大大超出了龚自珍的想象。

第四章 幻域人间

　　明末清初出现了一批小说理论家，如金圣叹、毛宗岗、张竹坡等人，他们对小说的热心评点，也使小说创作的自觉意识和小说为社会所关注的程度有了较大的提高。在这一背景下，小说创作很快就出现了一个高峰。与此前小说创作主要与市井社会密切相关稍有不同，清代的小说家大多是学识富赡、志向高远的文人，因此，他们的创作一方面继承了通俗小说关注世情的精神，另一方面又寄托了文人愤世嫉俗的情绪，从某种意义上也可以说是世俗文化与文人精神的汇合。

一　花妖狐魅的世界

蒲松龄，号柳泉，他出身于一个贫穷的知识分子家庭，从小好学上进，在科举考试的低层次上，曾取得过优异的成绩，但始终未能搏得真正的功名，一度外出当幕宾，主要是在家乡设帐教书，生活相当清苦。因此，他的思想观念既不同于功名得志的士大夫，也不同于明中叶以来活跃于市井社会的俗文学作家，他代表了中国文化界的另一类人，即乡村知识分子。这类人在文明史中的地位很少为人关注，他们中的相当一部分往往被讥讽为"三家村先生"。客观地说，他们的文化创造力在总体上也许不那么突出或引人注目，更多的人只是充当着最基层的文化传播者。但是，我们不能因此否认他们在文化整体中的特殊地位和作用。这种地位与作用最终实践了文化的有效性。

作为一位卓越的乡村知识分子，蒲松龄也有怀才不遇的愤懑，但这种愤懑没有变成毫无意义的孤芳自赏，而是转化成了向大众普及文化知识的热情。① 而在小说创作中，充沛的才气使他最终超越了个人的孤寂，将丰富的情感升华为自由奔放的想象，时而化为一种幽默，时而化为一种理想，成了他反抗压迫、玩味生活的审美态度和能力，简单的生活经历所可能造成的视野狭窄最终被他对现实的精雕细刻和对幻想世界的真切展示所突破。

从具体创作来看，《聊斋志异》继承了历代文言小说，特别是志怪、传奇的成就，但又有所创新。与志怪相比，它的文学创作意识更明确；而与唐传奇相比，它则有更丰厚的民间文学基础，同时又

---

① 蒲松龄编过许多面向农民的通俗书籍，如《日用俗字》、《药祟书》、《农桑经》等。

图17 清人绘《聊斋志异》图"讨狐救母"

饱含了作者的创作激情。鲁迅在《中国小说史略》中对此书作了高度的评价：

> 《聊斋志异》虽亦如当时同类之书，不外记神仙狐鬼精魅故事，然描写委曲，叙次井然，用传奇法，而以志怪。变幻之状，如在目前。或又易调改弦，别叙畸人异行，出于幻域，顿入人间。偶述琐闻，亦多简洁。故读者耳目，为之一新。

《聊斋志异》近五百篇作品，题材丰富，举凡各种社会问题，生活哲理,在这部小说集中都有不同反映。其中最为突出的是描写科举制度的弊端及其对社会,尤其是对文人心理造成的严重影响的一些作品,如《司文郎》、《叶生》、《镜听》等。《王子安》也是一篇很精彩的描写举子内心世界的作品。在这篇小说中,有一个名叫王子安的读书人,长年困于场屋,所以在考试后等待结果的那段时间里,焦虑不安。临近放榜时,痛饮大醉,归卧内室。忽然有人说:"送喜报的人来了。"王踉踉跄跄地爬起来说:"赏钱十千!"家里人因为他醉了,就顺嘴安慰他:"你只管睡吧,已给了赏钱。"于是他又进入了睡梦中,仿佛听到有人告诉他:"你中进士了!"王高兴地大叫:"赏钱十千!"家人还是像刚才一样哄他。接下来,他又要参加殿试翰林,心想这份荣誉应该炫耀乡里,就大呼随从,以致骂他们不听使唤。这时,他的妻子看他闹得太不像样了,才把他叫醒。原来那些随从,不过是狐妖戏弄他。对于这一故事,蒲松龄在后面发了一通议论,可以说是点睛之笔,他说:

> 秀才入闱,有七似焉:初入时,白足提篮似丐。唱名时,官呵隶骂似囚。其归号舍也,孔孔伸头,房房露脚,似秋末之冷蜂。其出场也,神情惝怳,天地异色,似出笼之病鸟。迨望报也,草木皆惊,梦想亦幻。时作一得志想,则顷刻而楼阁俱成;作一失志想,则瞬息而骸骨已朽。此际行坐难安,则似被絷之猱。忽然而飞骑传人,报条无我,此时神色猝变,嗒然若死,则似饵毒之蝇,弄之亦不觉也。初失志心灰意败,大骂司衡无目,笔墨无灵,势必举案头物而尽炬之;炬之不已,而碎踏之;踏之不已,而投之浊

流。从此披发入山，面向石壁，再有以"且夫"、"尝谓"之文进我者，定当操戈逐之。无何日渐远，气渐平，技又渐痒，遂似破卵之鸠，只得衔木营巢，从新另抱矣。如此情况，当局者痛哭欲死，而自旁观者视之，其可笑孰甚焉。

《聊斋志异》中还有不少作品深刻揭露了官场的黑暗腐败，如《梦狼》、《促织》等，可贵的是作者进而颂扬了被压迫者的反抗，如《席方平》。席方平的父亲因与当地的富豪生前有矛盾，死后又在阴间受其欺凌。席方平为此灵魂进入阴间，为父申冤。没想到阴间的官吏都受了富豪的贿赂，从城隍到郡司再到冥府，每一级的阴官冥吏都以严刑处治席方平。席方平愤愤不平，却至死不屈。请看其中一个片断：

升堂，见冥王有怒色，不容置词，命笞二十。席厉声问："小人何罪？"冥王漠若不闻。席受笞，喊曰："受笞允当，谁教我无钱也！"冥王益怒，命置火床。两鬼捽席下，见东墀有铁床，炽火其下，床面通赤。鬼脱席衣，掬置其上，反复揉捺之。痛极，骨肉焦黑，苦不得死。约一时许，鬼曰："可矣。"遂扶起，促使下床着衣，犹幸跛而能行。复至堂上，冥王问："敢再讼乎？"席曰："大冤未伸，寸心不死，若言不讼，是欺王也。必讼！"王曰："讼何词？"席曰："身所受者，皆言之耳。"冥王又怒，命以锯解其体。二鬼拉去，见立木高八九尺许，有木板二仰置其上，上下凝血模糊。方将就缚，忽堂上大呼"席某"，二鬼

> 即复押回。冥王又问："尚敢讼否？"答曰："必讼！"冥王命捉去速解。既下，鬼乃以二板夹席缚木上。锯方下，觉顶脑渐辟，痛不可忍，顾亦忍而不号。闻鬼曰："壮哉此汉！"锯隆隆然寻至胸下。又闻一鬼云："此人大孝无辜，锯令稍偏，勿损其心。"遂觉锯锋曲折而下，其痛倍苦。俄顷半身辟矣；板解，两身俱仆。鬼上堂大声以报，堂上传呼，令合身来见。二鬼即推令复合，曳使行。席觉锯缝一道，痛欲复裂，半步而踣。一鬼于腰间出丝带一条授之，曰："赠此以报汝孝。"受而束之，一身顿健，殊无少苦。遂升堂而伏。冥王复问如前，席恐再罹酷毒，便答："不讼矣。"冥王立命送还阳界。

但席方平并没有屈服，最后终于以必死的信心，争得了二郎神的同情，伸张了正义，惩治了贪官。蒲松龄在结尾由衷地赞叹"异哉席生，何其伟也"。

不过，《聊斋志异》中最吸引人的还是那些描写爱情的作品，如《连城》、《阿宝》、《婴宁》、《青凤》等，作者精心塑造了许多志诚朴实的男子，他们那种痴迷情态，令人感叹不已；至于由花妖狐精幻化的少女们，更是聪明善良、美丽多情。在他们身上，作者凝聚了深沉的文化传统，也隐约表现了永恒的人生理想。如《婴宁》中就描写了王子服与狐女婴宁纯真无邪的爱情。在作品中，婴宁生活在与世隔绝的山里，那里景色优美，一派高洁。婴宁则天真烂漫，毫无机心。她的脸上始终洋溢着甜美的笑容。作品有这样一段有趣的描写：

次日至舍后,果有园半亩,细草铺毡,杨花糁径。有草舍三楹,花木四合其所。穿花小步,闻树头苏苏有声,仰视,则婴宁在上,见生来,狂笑欲堕。生曰:"勿尔,堕矣!"女且下且笑,不能自止。方将及地,失手而堕,笑乃止。生扶之,阴捘其腕。女笑又作,倚树不能行,良久乃罢。生俟其笑歇,乃出袖中花示之。女接之,曰:"枯矣!何留之?"曰:"此上元妹子所遗,故存之。"问:"存之何益?"曰:"以示相爱不忘。自上元相遇,凝思成病,自分化为异物;不图得见颜色,幸垂怜悯。"女曰:"此大细事,至戚何所靳惜?待郎行时,园中花,当唤老奴来,折一巨捆负送之。"生曰:"妹子痴耶?"女曰:"何便是痴?"生曰:"我非爱花,爱拈花之人耳。"女曰:"葭莩之情,爱何待言。"生曰:"我所为爱,非瓜葛之爱,乃夫妻之爱。"女曰:"有以异乎?"曰:"夜共枕席耳。"女俯首思良久,曰:"我不惯与生人睡。"语未已,婢潜至,生惶恐遁去。少时会母所,母问:"何往?"女答以园中共话。媪曰:"饭熟已久,有何长言,周遮乃尔。"女曰:"大哥欲我共寝。"言未已,生大窘,急目瞪之。女微笑而止。幸媪不闻,犹絮絮究诘。生急以他词掩之,因小语责女。女曰:"适此语不应说耶?"生曰:"此背人语。"女曰:"背他人,岂得背老母?且寝处亦常事,何讳之?"生恨其痴,无术可悟之。

　　后来,有情人终成眷属,婴宁随王子服回到了家乡。但人世间的礼法、邪恶却使她永远地失去了欢笑。所幸的是，她的女儿在襁褓中"大有母风"，脸上充满了可爱的笑容。很明显，作者在这里有意说明，这种纯真无邪才是人的宝贵天性。

《聊斋志异》在艺术上也达到了文言小说的高峰。在此之前，文言小说已经历了近两千年的演变，当宋元通俗小说逐渐发展到明中叶以后日臻成熟完美时，文言小说几乎可以说是到了日暮途穷的地步。但蒲松龄却以自己超凡脱俗的创作，为文言小说开创了一个新的天地。他将魏晋志怪、唐代传奇的艺术手法融会贯通，突出了人物的生活环境、精神气质和心理状况，并用充满想象的笔法、富于诗意的描写和精心设计的结构，强化了文言小说的小说品格，使看似古雅的语言不但没有成为接受者的阅读障碍，反而成为小说不可替代的艺术风格的一部分。事实上，历史上没有哪一部文言小说有过《聊斋志异》这样广泛的群众基础和社会效应。

总之，《聊斋志异》反映了一个下层知识分子同情民众、欣赏自我、玩味人生的立场和情趣，而非现实的形象构成则强化了作品的艺术感染力。当《公孙九娘》把战乱之后鬼魂渴求幸福的愿望生动地表现出来时，当《婴宁》为一个狐女在人世间失去了她天真烂漫的欢笑而遗憾时，读者会深刻地感到这部貌似荒诞的小说的思想深度和艺术魅力。

二　无往而非《儒林外史》

《儒林外史》是一部文人写文人的小说，它没有贯穿全书的主人

图18 吴敬梓纪念馆

公和主干情节,传奇性和戏剧化的描写让位于现实性和性格化的表现,这使《儒林外史》别具一格。

吴敬梓也许是明清长篇小说中我们唯一清楚其创作过程和心态的作者。他才识过人,但与蒲松龄一样,也曾多次参加科举考试,却屡屡失利。而他家自其曾祖起一直科第不绝,有过五十年"家门鼎盛"(吴敬梓《移家赋》)的荣耀,这使他承受了更大的精神压力。加之父亲亡故后,家族中的争斗侵夺,使他对世态人情有了清醒的认识,并由此产生了对宗族势力的敌对情绪,祖上的遗产在很短的时间内被他挥霍殆尽,以致他被乡里视为"败家子"的典型(吴敬梓《减字木兰花》)。由于受到族人的歧视,他不得不移居南京。在南京,他变卖了家产,倡导修葺先贤祠。安徽巡抚赵国麟推荐他入京应"博学鸿词"科考试，他也没有参加。他在彻底放弃对功名的追求后，他的视野更加开阔，对自己所属的儒林阶层也有了更全面的观察与思考，他把自己的经历和情感熔铸在小说创作中，冷静地解剖了旧时文人或崇高或卑微或超脱或无奈的灵魂，从而对培养这种文人的文化乃至整个社会作了深入的分析和批判。这种分析和批判的深刻性，不但使清代人已有"慎毋读《儒林外史》，读竟乃觉日用酬酢之间无往而非《儒林外史》"的感叹（卧闲草堂本第3回评语）。就是在今天，它仍然可以作为窥探国人性格的镜鉴。

《儒林外史》虽然具有长篇小说的体制，包括了十多个既独立又有联系的故事，但结构并不松散，对"功名富贵"的态度是吴敬梓描写与评判人物的核心。在第一回"楔子"中，作者借王冕之口批评因有了科举这一条"荣身之路"，使读书人轻视了"文行出处"，也就是不再讲究儒家所要求士人追求的最基本的学问、品格和进退之道。因此，他首先集中表现了科举制度如何以一种无形却巨大的力量引诱并摧残着读书人的心灵。周进和范进原来都是在科举中挣扎了几十年尚未出头的老"童生"，平日受尽别人的轻蔑和凌辱。而一旦中了举成为缙绅阶层的一员，"不是亲的也来认亲，不相与的也来认相与"，房子、田产、金银、奴仆，也自有人送上来。在科举这一门槛的两边，隔着贫与富、贵与贱、荣与辱。所以，难怪周进在落魄中入贡院参观时，会一头撞在号板上昏死过去，被人救醒后又一间间号房痛哭过去，直到口吐鲜血；而范进抱了一只老母鸡在集市上卖，得知自己中了举人，竟欢喜得发了疯，幸亏他岳父胡屠父那一巴掌，才恢复了神智。吴敬梓通过对科举士子所处环境的细致描写，揭示了其精神心理的极度空虚与脆弱。他们不仅完全没有对知识与真理的探究热情，甚至也失去了健康的身心。

小说中还有一些士人因为科场不顺，转而寻求所谓"异路功名"，其中既有景兰江、赵雪斋之类面目各异而大抵是奔走于官绅富豪之门的斗方名士，也有像娄三公子、娄四公子及杜慎卿那样的贵公子，喜欢弄些"礼贤下士"或自命风雅的名堂，其实只是因为失去了生活的目标，到处招摇撞骗，沽名钓誉。这些人物从不同角度反映了读书人中普遍存在的极端空虚的精神状况，从而映射出社会文化的萎靡状态。他们熙熙攘攘地奔走于尘世，在理想与现实、内心与外表的矛盾中，贻人笑柄。

那么，什么才是士人真正的理想？什么才是他们应该坚持的操守？什么才是挽救士风的途径？作品也写了几个正面人物，对鄙弃功名的读书人加以了赞扬，对自食其力的普通市民给予了歌颂。书中的杜少卿有着作者自己的影子，他对当时被定于一尊的朱熹的经解表示大胆的怀疑，在南京游清凉山时，他一手携着妻子，一手拿着金杯，一边走一边大笑，使路旁游人都"不敢仰视"，表现了一种离经叛道的精神和对自由生活的热爱。此外，还有庄绍光、迟衡山、虞博士等"真儒"。作者赋予了他们符合原始儒学精神的品格，但这基本上是一种观念化的、缺乏真实生活基础的愿望，因此他笔下的"真儒"们性格显得不如他所批判的人物那么鲜活。吴敬梓希望通过重建原始儒家的道德规范来扭转世风的沦丧，但这种努力的不切实际，即使在小说中，也有所表现。作为全书核心事件的祭祀泰伯祠的场面，貌似肃穆庄重，实际充满了一种茫然与凄凉。小说结尾描写的市井四奇人，与其说是一种精神寄托，不如说更强烈地衬托了吴敬梓对士人的失望。

惟其如此，在艺术上，吴敬梓较多地采用了讽刺的手法。虽然在《儒林外史》之前，讽刺作品间或有之，但以此作为一部长篇小说的最重要的艺术手法，从不同角度、不同层次上加以发挥的，几乎未有。鲁迅《中国小说史略》曾评价说："迨吴敬梓《儒林外史》出，乃秉持公心，指摘时弊，机锋所向，尤在士林；其文又戚而能谐，婉而多讽，于是说部中始有足称讽刺之书。"

马二先生就是一个充分体现了《儒林外史》讽刺精神的艺术典型。他虽然久试不第，却虔诚地相信八股取士是一个好的法则。他精心地编辑八股选本，恳切地奉劝青年学子投身其中，即使身处西湖秀美的山水中，仍不忘功名富贵。不过，吴敬梓在讥讽他沉迷于科举的迂腐的同时，又表现了他古道热肠的君子风。例如为了奖掖素不相识的后生，他馈银赠言，充满了感人的温厚体贴。这种既迂腐又善良的品格，使得他的人生具有悲剧性与喜剧性高度融合的审美特性。书中另一个重要人物匡超人也是如此。他刚出场时，还是一个纯朴的农家青年，作者对他的描写也流露出一种同情；但是当他逐渐蜕变为一个圆滑而无耻的文人后，作者对他的讽刺就越来越辛辣了。

与此前的小说往往刻意追求情节的离奇巧合不同，《儒林外史》从传奇性向非传奇性发展，本质上是一个逐渐深入人性真实的过程。因为愈是在排除偶然因素的平淡而日常化的生活中，愈是能反映出人物的真实面貌和深层心理。像前面提到的马二先生游西湖的一节，既没有辞采也没有情节可言，却把人物的性格和心理写到透彻无遗的程度。这位马二先生对着眼下这"天下第一个真山真水的景致"全无会心，茫茫然一路大嚼过去，迂儒本色尽显。至于王玉辉在女儿殉节前后的表现,先是令人难以置信的愚昧,后是无法压抑的悲哀,反差极大,在情节自然的推进中,显示出作者对人物内心世界的深刻洞察。

《儒林外史》就这样以其深刻的思想内涵和平实的艺术风格,接近了现代小说的创作特点,因而在中国文学史上占有特殊地位。

三 梦断红楼

如果说《聊斋志异》以幻想见长,《儒林外史》以写实突出,《红楼梦》则将精神的冥思与现实的感悟融会在一起,创造了一个既空灵又执著的艺术世界。

《红楼梦》的作者曹雪芹,名霑,字梦阮,雪芹是他的号。他的生卒年有不同说法,大约生于1715年(一说1724),死于1763年(一说1764)。曹雪芹的先世原是汉族,后为满州正白旗"包衣"人,即满州贵族的家奴。曹雪芹的高祖因随清兵入关有军功得授官职。从他的曾祖曹玺开始,直到他父亲曹頫,世袭江宁织造。祖父曹寅还当过康熙的侍读和御前侍卫,极受康熙的赏识。曹家也因此成为当时财势熏天的"百年望族"。康熙六次南巡,其中四次由曹寅负责接驾,并以织造府为行宫。《红楼梦》中提到江南的甄家"独他们家接驾四次",暗示的就是这一宠信。但是,到了雍正初年,由于上层政治斗争的牵连,曹家遭受一系列打击,曹頫以"行为不端"、"骚扰驿站"和任内"亏空甚多"等罪名,被革职抄家,下狱治罪。曹家遂移居北京,从此一蹶不振。

曹雪芹一生经历了曹家盛极而衰的过程。少年时代曾经在南京过了一段"锦衣纨裤"、"饫甘餍肥"的生活，晚年住在北京西郊，生活贫困，"举家食粥酒常赊"（敦诚《赠曹雪芹》）。家境的败落使他深刻感受到了世态的炎凉，对社会与人生的认识也随之提高，从而在"蓬牖茅椽、绳床瓦灶"的艰苦环境下，创作了《红楼梦》。但由于贫病交加、爱子夭折，以及其他现在尚不清楚的原因，他的《红楼梦》只保留下来前八十回。大约在曹雪芹去世三十年后，有一种一百二十回的《红楼梦》以木活字印刷面世。一般认为，这种流行本的后四十回是一个叫高鹗的人续作的。他的续书虽然使故事有了完整的规模，人物大体上也都有了一个结局，但因为他本人的思想境界和艺术修养都远不及曹雪芹，所以续写的内容并不完全符合曹雪芹的原意。按曹雪芹的构思，贾家最后是要破落到"好一似食尽鸟投林，落了片白茫茫大地真干净"的，而高鹗却写成宝玉"中乡魁"，贾家"沐皇恩"、"延世泽"。但两百年来高鹗所写出的宝黛悲剧结局，也被广大读者所接受。所以，现在人们说起《红楼梦》，往往指的就是曹雪芹的前八十回和高鹗的后四十回续书的总称。

自从《金瓶梅》问世后，小说家开始把目

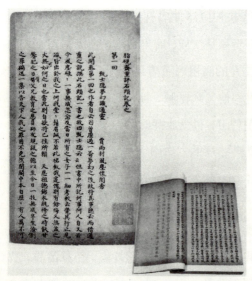

图19 《脂砚斋重评石头记》书影

光转向家庭。《红楼梦》显然是这一类题材作品的发展。与《金瓶梅》等不同的是，这部小说的题材与作者关系之密切，在小说史上是空前的。尽管我们不能把书中的贾府等同于现实中的曹家，但有种种迹象表明，曹雪芹的创作与他的亲身经历与感受有着千丝万缕的联系。这种联系绝不只是表现在情节与素材间，更值得重视的是作者对描写对象充沛的感情体验，使他在创作中流露出难以遏制的忧伤和忏悔，而这恰是此前小说所缺乏的，甚至在整个传统文化中所少见的。

那么，曹雪芹为什么要写《红楼梦》呢？他在小说的开篇作了说明，那就是追悔已往人生，纪念当日"行止见识皆出我之上"的女性。在这种以女性为中心的悲悼意识指引下，曹雪芹精心塑造了一大批栩栩如生的女性形象，其中既有贾母、王夫人、王熙凤这样的贵妇人，也有林黛玉、薛宝钗、史湘云等小姐，还有袭人、晴雯、紫鹃等丫环，她们身份不同，各具性格，但结局都是不幸的。而曹雪芹的描写处处体现出强烈的忧伤和怜悯，尤其是对那些美丽聪慧的年青女性，作者更是充满了无限的同情。金钏投井、晴雯屈死、鸳鸯上吊、尤二姐吞金、尤三姐自刎以及探春远嫁、惜春出家、黛玉泪尽而逝等等，风光旖旎的大观园始终笼罩在一片悲凉之雾中，恰如作者所说的"千红一窟（哭）"、"万艳同杯（悲）"。不过，曹雪芹并没有为自己的感情所左右，而是进一步揭示了造成这种种不幸的个人的与社会的原因。

在这一部"悲金悼玉的《红楼梦》"中，贾宝玉、林黛玉、薛宝钗三人之间的爱情婚姻悲剧无疑是作者悲悼的主要内容之一。据小说描写，贾宝玉与父母双亡、寄居在贾府的姑表妹林黛玉经过长时间的交往,产生了真挚的恋情。他们思想情趣相通,相互引为知己。特别是贾宝玉,在众多美丽动人的女孩子中,感情逐步专一,几次向黛玉表明心迹。但是,在当时的社会条件下,他们的婚事却只能由家长们决定。而贾宝玉的祖母、母亲为了家族的利益、宝玉的"前途",却更欣赏也暂住在贾府的薛宝钗。宝钗是宝玉的姨表姐,出身于富有的皇商家庭,聪明贤慧,善于处理各种复杂微妙的人际关系,博得贾府上下一致赞誉。在后四十回中,由于家长们的周密安排,宝玉在不知底细的情况下,与宝钗成亲,黛玉则在忧伤中死去。正如曹雪芹在第五回《红楼梦曲》中咏叹的那样:"空对着,山中高士晶莹雪;终不忘,世外仙姝寂寞林",宝玉终于离家出走了,而宝钗也将在孤寂中抱恨终生。

宝、黛、钗的悲剧与他们所处的时代以及由此造成的不同性格密不可分。贾宝玉的性格最突出的表现是,他不愿按贵族家庭为他安排好了的道路循规蹈矩地生活,十分鄙弃功名富贵及其相关的世俗观念。他追求随心所欲、率性自然的生活,把当时知识分子沉迷的科举考试讥讽为"钓名饵禄之阶",又把那些追求功名仕进的人痛斥为"国贼"、"禄蠹",进而认为那些武官文臣以致一切男人,都不过是"须眉浊物"。他断定"天地间灵淑之气,只钟于女子,男儿们不过是些渣滓浊沫而已"(二十回)。因此,他极力赞赏那些聪明灵秀的女子,声称:"女儿是水做的骨肉,男人是泥做的骨肉;我见了女儿便清爽,见了男子便觉浊臭逼人。"(二回)这种偏激的思想既反映了他作为贵族公子的生活情调,又表现了他虽然幼稚、却很执著的清高脱俗意识。所以,当薛宝钗、史湘云等女孩子也劝他致力功名时,宝玉感到特别痛心。他觉得好好的清白女子,也学着沽名钧誉，是"真真有负天地钟灵毓秀之德了"（三十六回）。也正因为如此，他倾心热爱才情洋溢、孤标傲世的林黛玉。虽然贾宝玉没有、也不可能从理智上对传统文化作出更为清醒的认识，但我们还是可以在他带有鲜明感性色彩的言行中，隐约感受到一种对世俗价值标准的反叛精神。

林黛玉则是最充分体现中国古代审美意识的女性形象之一。她娇弱清丽，有着十分敏感、细腻的感情世界。由于她父母早亡，孤身一人投靠到贾府，寄人篱下的生活使她养成了强烈的自尊意识。这种强烈的自尊在她对贾宝玉的爱情中表现得更为明显，她经常对贾宝玉"使小性子"，但两人的感情却在争吵中明确、加深了，关键就在于他们的思想情趣有相通之处。贾宝玉身边的大丫环袭人很不理解贾宝玉对林黛玉、薛宝钗的不同态度，在她看来，宝钗"真真是有涵养、心地宽大的。谁知这一位反倒和他生分了。那林姑娘见她赌气不理，他后来不知赔多少不是呢"。贾宝玉说："林姑娘从来说过这些混账话吗？要是她也说过这些混帐话，我早和她生分了。"（三十二回）所谓"混帐话"，就是指要他读书求功名的话。林黛玉确实没有这样劝过贾宝玉。相反，她还曾与贾宝玉在美丽的花园里共读《西厢记》，不知不觉地陶醉在爱情的甜蜜中。薛宝钗却告诫林黛玉："至于你我，只该做些针线纺织的事才是，偏又认得几个字。既认得了字，不过拣那正经书看也罢了，最怕见些杂书，移了性情，就不可救了。"（四十二回）相比之下，薛宝钗当然更符合传统的封建闺范。她不但长得漂亮，而且处处随分从时，端庄稳重，是一个标准的"名媛淑女"。即使在众姐妹开诗社、逞才使性时，她出的诗题也是坚涩乏味的"咏太极图"。很难想象，鄙弃功名、厌读诗

图20 清光绪刊本
《红楼梦图咏》之
林黛玉像

书的贾宝玉能与她和谐相处。

如果不了解传统的礼法社会对人的个性与自由的束缚,不了解"男尊女卑"的观念对女性的压制,不了解科举制度对整个知识阶层的精神戕害,我们也许会简单地把贾宝玉看成一个"问题少年";也难以理解他与林黛玉的"木石前盟",为什么就比他与薛宝钗得到封建家长认可的"金玉良缘"更值得同情与肯定。最重要的是,《红楼梦》通过宝黛的爱情,表现了一种对更为合理的人生的追求。

《红楼梦》的情节主线是贾宝玉与林黛玉、薛宝钗的爱情悲剧,但曹雪芹没有流于一般才子佳人小说的幼稚、肤浅,而是把对人的情感世界的刻画与对整个社会及其文化传统的反省结合起来。因此，《红楼梦》还深刻细腻地描写了当时贵族家庭内部和外部的种种矛盾冲突。一面是"情重愈斟情"的感伤，一面是"忽喇喇似大厦倾"的末世感，两者互相衬托，极大地提高了作品的艺术容量。

《红楼梦》中的贾府是一个典型的贵族大家庭，包括荣国府、宁国府两支。作者对这个贵族家庭饮食起居各方面的生活细节都进行了真切细致的描写，表现了这个钟鸣鼎食的诗礼之家"树倒猢狲散"的没落过程。在小说开篇不久，作者就通过"冷子兴演说荣国府"，揭示了这个显赫一时的大家庭"如今外面的架子虽未甚倒，内囊却也尽上来了"。中国古代本来就有"君子之泽，五世而斩"（《孟子·离娄下》）的说法，贾府由盛而衰的过程实际上是这一规律性现象的反映。但是，我们在《红楼梦》中看到的贾府的衰败，并不只是一种抽象的事理，而是与现实生活中的磨擦、冲突相联系的渐进过程，作者既描写了贾府后继乏人，"一代不如一代"的事实；也描写了这个大家庭中复杂的人际关系，以及相互间"恨不得你吃了我，我吃了你"的争斗；同时，作者还描写了贾府所牵涉的社会矛盾，并暗示了它与宫廷的微妙关系和由此产生的对"抄家"的不祥预感。所有这一切都表明，曹雪芹着眼的并不只是一家一族的兴衰荣枯，由于作者对人物所处环境及其关系的深刻认识和准确描写，小说中一再渲染的"末世感"也昭示了整个社会的衰败。

《红楼梦》不仅思想深邃，在艺术上也令人叹为观止，这首先表现在作者善于刻画人物上。在描写贾府的没落过程中，曹雪芹充分展示了贾氏几代人不同的精神面貌。有人统计，书中所写的人物多至四百以上，即使是一些陪衬人物如贾雨村、刘姥姥之类，也大都性格鲜明、栩栩如生。以王熙凤为例,作者对她的描写在笔墨上不下于宝、黛、钗。她是贾琏之妻,有着出众的才干和权术,因而成为荣国府的管家媳妇。"协理宁国府"就表现了她非凡的治家本领。当时宁国府要办一个隆重的葬礼,事务繁杂,宁国府竟无人能操办,于是不得不从荣国府请王熙凤来帮忙。她果然不负众望,事无巨细,都处理得井井有条,妥贴得体。至于置身贾府复杂的矛盾中,她更是费尽心机,应付自如。在她的性格中,既有心狠手辣的一面,如以阴险狡诈的方法逼死尤二姐等;也有爽朗大度的一面,以其谈笑风生赢得了老少尊卑的喜悦。作者借人物之口,说她是"嘴甜心苦,两面三刀;上头笑着,脚底下使绊子;明是一盆火,暗是一把刀,她都占全了"(六十五回)。但就是这样一个精明干练的女人,也自有其艰难窘迫之处,她不仅曾遭到赵姨娘的暗算,更经常受婆婆邢夫人的气,在贾府捉襟见肘的衰落局面下,她以病体悻强支撑,终于在后四十回中因心劳力拙而死去。可以说,作者对这一人物的刻画始终是与贾府的矛盾及其演变联系在一起的。

　　如果要总结《红楼梦》人物塑造的经验,最突出的就是真实。作者彻底改变了以往小说人物描写中"恶则无往不恶,美则无一不美"(庚辰本四十三回夹批)的传统写法,注重表现人物性格的复杂性及其发展变化。比如林黛玉给人的印象仿佛总是忧郁哀惋,有时又过于尖刻犀利。其实,她也有开朗宽厚、柔顺诚恳的一面。当她与宝玉的感情不断加深、平稳发展时,她的心情就欢快轻松;当她意识到婚姻无助、环境严酷时,她的心情又像秋风秋雨一样惨淡凄凉。曹雪芹通过情节冲突的演进,揭示出人物的性格形成与变化的内在逻辑。此外,他还特别善于通过人物特征鲜明的语言、人物之间的对比、环境描写等多种手段表现人物的性格。

如前所述，在《红楼梦》以前，很少有小说家从自己的生活经历撷取素材，而曹雪芹声明他之所写乃是自己的"身前身后事"，这不但为小说创作开辟了一个新的领域，也由于题材切近作者的亲身经历和感受，加强了作品现实性的深度和情感力度。而叙事与抒情的完美结合，正是这部小说无与伦比的艺术魅力的重要表现。

从叙事的角度说，《红楼梦》特别令人赞叹的恐怕是其中真实而丰满的细节描写。因为中国古代小说从魏晋小说的"粗陈梗概"，到宋元说书的矜奇尚异，细节描写往往失之简陋、夸张，而《红楼梦》则不然，它完全是以丰富的生活细节构成了小说叙事的主体。这些作者所说的"家庭琐事，闺阁闲情"不但真实可信，而且内涵深刻，具有以小见大的艺术容量，充分显示了曹雪芹对现实生活敏锐的观察力和表现力。比如贾宝玉在姐妹们都在场时向林黛玉使的一个眼色，林黛玉马上就能会意，表现了他们两人不同一般的默契（四十二回）；因是小老婆所生而备感委屈的探春，洗一次脸也很讲礼数，其实是要摆小姐的谱以显示自己的身份（五十五回）；中秋夜宴，众人强颜欢笑，从桂花阴里发出一缕凄凉笛音，暗示了贾府的日暮途穷（七十五回）等等：当我们读到这些既琐碎、又显然经过作者艺术加工的细节时，一种在日常生活中领悟人生真谛的阅读快感便油然而生。

更值得称道的是，《红楼梦》没有停留在琐屑的生活细节中，而是深入挖掘了日常生活中的诗意，使整部作品始终洋溢着充沛的抒情性。这种抒情性不仅表现在它对中国古代小说传统的韵散结合手法的娴熟运用上，更表现在它对传统诗学理想的汲取上。用脂评的话说,"此书之妙皆从诗词句中泛出者"。曹雪芹创造性地吸收和运用了中国古代诗歌、绘画等艺术手法,使小说充满了诗情画意。这既表现在宝黛共读《西厢》、黛玉葬花、宝钗扑蝶等众多优美场景的构思中,也表现在人物形象的塑造上。例如林黛玉纤弱清丽的倩影、幽怨含情的眉眼、哀婉缠绵的低泣,以及她所住的那个静谧高雅的潇湘馆,使她在群芳云集的大观园中,独具一种"风流态度"。

曹雪芹之所以能做到叙事与抒情的完美结合,与他对人性的深入剖析和对人的命运的热切关注分不开。事实上,曹雪芹比以前的小说家更重视对人物心理的刻画,探春说过:"我们这样人家,人都看着我们不知千金万金,何等快乐,殊不知这里说不出来的烦难更利害!"(七十一回)作者着力表现的正是这"说不出来的烦难",即人物内心的痛苦。小说中人物的一举一动,都有其内在的心理依据。而在人物心理刻画的手段上,《红楼梦》也是丰富多彩,因人而异、因事而异的。有时是作者通过明确的分析或人物的内心独白直接呈现出来,有时则是用环境的渲染、梦幻的运用等进行暗示、衬托,更多的时候是依靠人物的言行加以表现。正是由于这些富于心理内涵的描写,使《红楼梦》耐人咀嚼,百读不厌。

《红楼梦》的出现,标志着中国古代文学在经历了漫长的演变之后,终于以其博大、细腻的风格,达到了艺术的极致。如果说,一部文学作品的产生与整个文明的发展息息相关的话,那么,包罗万象的《红楼梦》只能出现在中华文明发展的后期,而它所折射出的历史文化内涵,也就必然成为了解这一文明的一个最完整、形象的文本。

第五章 中西碰撞

中华文明在发展的历史上,有过多次中外文化的大交流、大碰撞,这种交流与碰撞为中华文明的演进提供了新的动力与契机。当然,能不能抓住这样的契机和充分利用这一动力,是另一回事;但在交流与碰撞的过程中,我们还是能够感受到文明前进的脚步。例如汉唐的佛教从印度传入中国,并在与中国文化的矛盾与融合中,构筑了中国文化的又一精神命脉。而明中叶以后,中西文化的交流与碰撞则展现出了另一种文化景观。

一　利玛窦规矩

虽然古代基督教的一支——景教在唐代已传入中国，而在元代又一次传播进来，当时称为也里可温教。但在明朝之前，中西文化之间并没有发生实质性的互动。明末欧洲天主教的传教士纷纷来到中国，可以说揭开了西学东渐的序幕。

传教士首先是以澳门为基地进入中国内地的。由于葡萄牙人以贸易之名占据了澳门，使澳门成为中国的对外开放的一个门户。欧洲的传教士前来中国，一般都是先到澳门的三巴寺学习中文，研讨在中国传教的方法。后来，广东肇庆也成为传教士来华的一个重要基地。

图 21　利玛窦像

意大利人利玛窦就是传教士的代表人物。他于1583年进入广东，1610年死于北京，其间到过中国许多地方，在与中国社会广泛接触的过程中，利玛窦摸索出了一套颇具示范性的、适应中国社会文化的传教策略，使得西学在中国的传播成为可能，并为西学东渐作出了重要的贡献。

很多传教士发现，要让中国人接受天主教，必须尽量使天主教的教义与中国文化结合，至少在生活方式、表达方式、礼仪规范等方面，要实现"本土化"。利玛窦也是如此，而且做得比较成功。他改换儒服，并自称儒生，行秀才礼，并努力钻研儒家典籍，以表明他既是神学家，也是儒者，以此增加士大夫对他宣讲的教义的认同感。这种做法颇见成效，很多王公贵族、高官要员和文人学者都与他有密切交往。他在南昌传教时，就不仅身着儒服儒冠，而且在很多细节上煞费苦心，如外出拜访官员时，总是携仆乘轿以显示身份；送礼也小心翼翼，既新奇又不超过他可能馈赠的能力。他甚至经常表演自己非凡的记忆力，因为这是讲究记诵之学的士大夫们特别感兴趣的。①而在传教的过程中，他还尽量引用中国的经典来说明天主教的道理，以便减轻中西文化冲突。例如他用中国古籍中的"上帝"称呼天主，还用中文写了一本《交友论》，将西方哲学家、宗教领袖等谈论处世之道，以问答的形式加以编排，其中特别摘录适合中国伦理观的语录作为论据，受到文人学士的赞赏。②李贽对利玛窦就给予了很高的评价，称他是"一极标致人也，中极玲珑，外极朴实……我所见人未有其比"③。

利玛窦还在礼仪制度方面进行调和与变革，以适应中国文化。通过观察，利玛窦发现祭祖、祭孔在中国社会生活中是非常重要而且沿袭已久的传统礼仪。他认为，从基督教的立场来看，它不是所谓偶像崇拜，不是非排斥不可的异教仪式。这就消解了传教士在与中国人交往时的一个重要的观念障碍。利玛窦的这些顺应和尊重中国文化的做法，被后来的康熙皇帝称之为"利玛窦规矩"。

利玛窦从1583年在肇庆开始收受第一名信徒，此后逐年增加，到他去世时，天主教信徒已达数千人。而且天主教会已在肇庆、韶

---

① 《利玛窦中国札记》第3卷第11、2章，桂林：广西师范大学出版社，2001年。
② 参见林仁用、徐晓望：《明末清初中西文化冲突》，第94－95页，上海：华东师范大学出版社，1999年。
③ 李贽：《续焚书》卷1，第36页，北京：中华书局，1959年。

关、南昌、南京、北京、上海、杭州等地建立了教堂。这虽然不是利玛窦一个人的成绩，但他作为耶稣会在华的首任会长，显然发挥了不可替代的作用，而这种作用又是与他从中国实际出发的态度分不开的。他的继任者意大利人龙华民由于不尊重中国的社会文化传统，就导致了反传教运动的出现。

利玛窦在与中国人交往过程中，间接地传播了西方的科学知识。有一件事很有代表性。在他带到中国的物品中，有一幅世界地图，这很可能是中国人看到的最早的世界地图。对于中国人来说，它展示的是一个广阔的未知世界。考虑到清代的《四库全书总目提要》把艾儒略介绍世界地理的《职方外纪》视为《山海经》、《十洲记》之类志怪小说；纪昀把南怀仁《坤舆图说》所记五大洲看做是"海中三岛十洲"式的荒唐之说、藻绘之词，我们不难想象当时的士大夫们对它的态度。更何况在这幅地图上，中国并不像自古以来中国人自认为的那样居于天下之中央，而是被挤到了图右边的一个不显眼的位置。为了让中国人接受这幅地图所显示的世界，利玛窦对地图作了一些改动，将中国调整到图的中心位置。于是，这幅名为《山海舆地全图》的世界地图才流传开来。从利玛窦与中国人的接触中，他深知要使中国人重视基督教，翻印这幅世界地图有着奇妙的作用。

在中国生活的近三十年中，利玛窦勤于撰述，中文著作竟有二十多种。其中既有宗教、神学、哲学、伦理等方面的著作如《交友论》、《天主实义》等，也有一些科学著作，如中外学者交相称赞的《几何原本》（与徐光启合译）及利玛窦自著的《乾坤体义》等。利玛窦等传教士充分认识到了西方科学知识在传播宗教思想过程中的

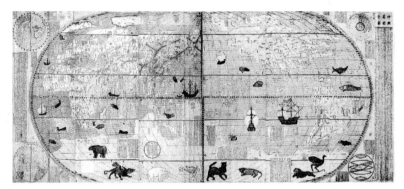

图 22 明万历三十年刊行利玛窦绘制《坤舆万国全图》

重要,在他们看来:

> 任何可能认为伦理学、物理学和数学在教会工作中并不重要的人,都是不知道中国人的口味的,他们缓慢地服用有益的精神药物,除非它有知识的佐料增添味道。①

西洋历法就是利玛窦等人赖以在中国立足的重要工具之一。利玛窦在写给欧洲上司的信中,经常要求罗马方面派精通天文历算等科学技术的传教士来中国以科学传教。利玛窦本人曾经几次预报日食、月食,都比官方预报的准确,引起了朝廷上下的震动。明末修历之事和《崇祯历书》的编撰虽然主要是在利玛窦死后,由徐光启、李天经在崇祯年间主持完成的,但利玛窦早就以此为申请在北京留居的一个借口,从而打破了明王朝长期不准外国人在京居住的禁令。

明末天主教在中国传播时,尽管也引起过一些冲突,但总体来说,以耶稣会传教士为媒介的西学东渐在明末一直没有中断。当时来华的传教士中较有影响的还有金尼阁、龙华民、庞迪我、艾儒略、

---

① 《利玛窦中国札记》,第244页。

毕方济、熊三拔、汤若望等人。借助于这些传教士而得以传播的西学涉及的范围也相当广泛，其中包括天主教神哲学、古希腊哲学、伦理学、语言学、逻辑学、地理学、美术、音乐、西洋火器、历算、数学、水利、建筑、医学、生物学，等等。虽然传教士的根本目的在传教，但客观上也传播了西方的科学知识。据统计，耶稣会士翻译的西方书籍有437部，其中宗教类251种，人文科学55种，自然科学131种。[1]这在当时还比较保守的文化背景下，影响是很大的。

二 徐光启

明末的西学输入之所以能达到可观的广度和深度，除了传播方的原因以外，就接受方而言，一个重要的原因是出现了一批文化心态较为开放且才识不凡的士大夫基督徒，如徐光启、李之藻、杨廷筠等人。

徐光启很早就接触了西方传教士，对西方科学知识产生兴趣，在读到利玛窦的以融合儒家思想方式宣扬天主教神哲学的《天主释义》一书后，正式受洗入教。他非常真诚地相信西方的"天学"可以补儒易佛，即补益王化，左右儒术，救正佛法。这种思想既可以在传播来自泰西的宗教、科学和学术思想成果时，使之与中国传统思想接轨，也可以在一定程度上避免人们视之为邪教、异端。

徐光启曾向利玛窦求学，掌握了许多西洋科学知识。他与利玛窦共同翻译了著名的《几何原本》，针对有人认为西洋数学、几何等

---

[1] 钱存训：《近世译书对中国现代化的影响》，《文献》1986年第2期。

图23 明人绘徐光启画像

基础科学不切实用的观点,徐光启辩护道:"盖不用为用,众用所基",这些理论性的基础科学乃是一切应用科学的基础。"况弟辈所为历算之学,渐次推广,更有百千万有用之学出焉。""度数之用,无所不通。"[1]他很注重将西学中实证、定量的分析方法引入对科学和社会问题的分析,他对西方几何学中那种"以前提为据,层层印证,重重开发"[2]的方法异常着迷。他所欣赏的是其中"丝分缕解"、"分擘解析"的分析方法和精神,并热情洋溢地倡导运用这种新的治学方法和精神:"能精此书者(按指《几何原本》),无一事不可精;好学此书者,无一事不可学。"[3]而这一切都有助于士大夫们从玄虚学风中"返本蹠实"。

---

[1] 钱存训:《近世译书对中国现代化的影响》,《文献》1986年第2期,第497页。
[2] 徐光启:《译几何原本引》,见《徐光启著译集》,第5册,上海:上海古籍出版社,1983年。
[3] 《徐光启集》,第76页。

徐光启倡导的科学实学,实际上阐发了一种启蒙精神。当他坚持几何精神和方法在功用上的无限性,并将这种精神应用于对传统文化思想、学术的批判或"分擘解析"、应用于一切实用科学时,他的理论工作确实具有文化思想和科学方法上的启蒙意义,即高扬人类的分析理性。

在对待西方的科学成果的态度方面,徐光启也表现出一种健康开放的文化心态。他反对闭关自守的心态,主张虚心学习。但是,他又不是亦步亦趋的,而是具有会通中西科学成果以求最终超胜西方的高远之志。这一"欲求超胜,必须会通"[①]的主张,反映了明清之际面临西方文化挑战时,中国知识界的远见卓识。

从徐光启在科学研究中的实际贡献来看,他的伟大成就是建立在总结和继承中国传统科学基础上的,所不同于并超出了传统科学的地方是他还借鉴和吸收了西方科学的成果与思想方法。他一生对农学用功最勤,成果也最辉煌。此外,他还对数学、天文历法、气象、水利、军事、测量、制图、机械制造等科学技术作出了突出贡献。他与利玛窦共同翻译的《几何原本》,很长时间都是中国人学习数学的教材之一,其中创造了一套中文的几何术语,如点、线、直线、曲线、平面、三边形、四边形、多边形、平行线、对角线、直角、钝角等,至今仍在沿用。可以说,正是由于会通中西的理念,使徐光启在科学研究中达到了前人所没有达到的高度,接近了近代科学的边界。

除了利玛窦与徐光启合译的《几何原本》,利玛窦还与李之藻合译了介绍西方笔算方法的《同文算指》,传教士邓玉函与王征合译了介绍西方力学与机械学的《远西奇器图说》,熊三拔与徐光启合译了

---

① 徐光启:《历书总目表》,见《徐光启集》,第374页。

介绍西方农田水利及水利机械的《泰西水法》等，使西学东渐的广度与深度都达到了前所未有的水平。

然而，明末拒斥西学的知识分子也大有人在。从反映在《破邪集》中的反西学者的立场、方法、观念中，我们可以看到，拒斥者实际上彰显了天学与中国传统思想、制度文明之间的深刻差异，并强调由差异可能会导致的对中国的圣学道脉的威胁，他们担心儒学道统有可能被传教士以天学取代之。因此，他们极力夸大"用夷变夏"的危机感，认为消除这种隐患的唯一方式便是闭关排外。至于对西洋科技，他们则从传统的道器观出发，认定"夷技不足尚"，对其表示出一种不屑一顾的俾睨，主张全盘拒斥之。这种非此即彼的形而上学思维方式与徐光启试图通过开放性的和平交流、最终达到会通以求超胜的气度与见识相比，有明显的高下之别。

三 康熙的示范

在明清鼎革之际，崇祯年间受徐光启推荐进入历局的汤若望不仅使西学东渐未因改朝换代而中断，而且使之达到了一个高潮。德国人汤若望来华前已是灵采科学院院士，1622年来华，1630年应召入京，参与修历。清兵入京后，强令城内居民在三日内搬出禁城，而耶稣会的住院恰在应当搬迁之列。为了保住城内的居留权，汤若望上疏清廷，以住院中历书板片、图书、仪器甚多，不易搬动为由，请求继续在住院留居，得到特许。此后，传教士在清廷中的地位之上升，则主要靠汤若望等人利用西洋科技，为解决历代朝廷都奉为第一大事的"制历授时"竭尽其能。换言之,传教士们主要是借科学方面的"通天"之才而使得天学通行中国的。

按照惯例,在取明而代之后,清廷要颁布新历。当时钦天监仍因袭大统历推算制历,汤若望已参与修历工作多年,深知个中机妙,乃一一指出监官们所献历书之谬误。摄政王多尔衮于是决定顺治二年(1645)的历书由汤若望制定,汤若望很快便呈上了历书,并进献了一些科学仪器,由此而开始了与清廷之间交织着希望、宠幸与危险的生死之交。

宠幸的降临要归功于汤若望对一次日食的准确推测。1644年7月29日,汤若望预报了9月1日的日食,钦天监监官则依大统历和回回历做了预报。但观测结果证明,汤若望的推测密合天行,依回回历和大统历所作之推测则均有差误。这大大提高了西洋科技与汤若望的声誉,顺治御批于历册封面"依西洋新法"五字,定名"时宪历",并着汤若望掌管钦天监印信。此后,汤若望屡获封赏,顺治还称汤若望为"玛法"(满语:爷爷),准许他随时入宫觐见。可见,正是西洋科技既使汤若望本人一度如日中天,也使其传教工作获得极大便利,天主教在华的传教事业因此而一度跃至巅峰,也卓有成效地推进了西学东渐。

当西洋历算把汤若望推向耶稣会在华传教事业的巅峰时,等待他的却是近在咫尺的万丈深渊。发难者是安徽歙县人杨光先。他指斥汤若望所制历书违背中华古法,其中最严重的一项是指控"汤若望进二百年之历",意在咒清朝短祚。[1]不久,杨光先再奏称汤若望所献时宪历书封面题"依西洋之正朔,毁灭我国圣教"[2]。经过复杂

---

[1] 《天主教东传文献续编》(三),第1179页,台北:学生书局,1966年。
[2] 同上书,第1078页。

的斗争，汤若望等被以潜谋造反、邪说惑众、历法荒谬等三大罪状提审，而清廷宣布禁教，废除新历，恢复大统历，后又改用回回历。

事后，杨光先攫取了钦天监监正的职位，但由于他对天文历算实为外行，所进之历，差错甚多，而他不断为自己的错误狡辩的唯一理由只不过是不能把历法这样的大事交给西洋人或采用西洋人的办法。对于杨光先的错误，已亲政的康熙已有觉

图24 康熙帝西洋版画像

察，他告诫杨光先、南怀仁等人："天文最为精微，历法关系国家要务，尔等勿怀夙仇，各执己见，以己为是，以彼为非，互相竞争。孰者为是，即当遵行，非者更改，务须实心。"①又指示："历法以合天象为主，其不合天象者，必不可用。尔等悉心考察，谁人合天象，谁人不合天象，据实奏闻。"②这一务实的态度最终使清廷决定恢复使用在几次测验中都准确无误的西洋新法，而供职于钦天监的比利时传教士南怀仁从此得到康熙的信任和重用。

康熙朝的这次"钦天监教案"从开始到在整个知识界引起的后

---

① 《熙朝定案》，《熙朝宗正集、熙朝定案》(外三种)，第2页，北京：中华书局，2006年。
② 萧若瑟：《天主教传行中国考》，第35页，上海：上海书店，1990年。

续反应,都表明它不是一次单纯的中西历法之争,而是清初保守的士大夫与传教士之间的一场中西文化的冲突。杨光先所秉持的是传统的"夏夷之辨",他声称"宁可使中夏无好历法,不可使中夏有西洋人"①,表现得极为偏执和僵化。他曾质问汤若望,如果地球是圆的,四周的海水为什么不会倾泄?难道在旁在下之国都居于水中,而西洋人都成了鱼鳖?②这样的问题,如果出于虚心好学,是可以成为迈进科学殿堂的动机的。但他却用来作为拒斥科学的"铁证",就暴露了保守派的骄狂与无知。而在这场冲突中,康熙能保持实事求是的态度,也显示了一代君王难能可贵的开放胸怀。

康熙对传教士们虽然一时"禁传其学",却热衷于"节取其技能"。从根本上说,他对传教士的态度是以维护大清朝的统治为基准的。汤若望、南怀仁等人大体上能尊重中国礼仪与法度,而且还为提高清军的战斗力,制造过火炮,这也博得了康熙的赏识。在与这些传教士的交往中,康熙对西学的兴趣也日益浓厚。

关于康熙传习西学的情况,传教士留下了详尽的记载。在历法之争尘埃落定后,南怀仁等人给康熙讲解了几何学、天文学中最有趣和最容易理解的东西以及一些主要数学仪器的应用。康熙也十分用功,除了每天与那些传教士们一起学习两三个小时外,他还花了不少时间用于自学,如做习题、预习等。他曾命人将《几何原本》等译为满语,也曾派传教士白晋回法国募集科学著作、征求科学家来华。此外,康熙对西方哲学、解剖学以及西方音乐、机械制造、西洋火器等也颇有兴趣。他对科学技术的热衷使他甚至能与当时著名

---

① 杨光先:《不得已》下卷"日食天象验"。
② 《不得已》下卷"孽镜"。

的数学家如梅文鼎讨论学术问题；他在畅春园开设"蒙养斋"，集中选一些八旗世家子弟及汉人子弟学习数学；他还提出翰林院也要学习外国文字。他对地理学的兴趣更导致他派遣传教士采用西法测绘《皇舆全览图》，使中国首次在世界上完成了一次大规模的全国性三角测量，并为证实当时英国学者牛顿的地球扁圆说提供了有力的实测数据，这一工程属当时世界一流成果。①

康熙主动学习推广西学的热情影响了士风，扭转了部分士大夫的学术宗尚。他对理学名臣李光地的影响就是典型的一例。本来，李光地对西学并没有特殊的兴趣，但是，康熙的一次召对改变了他的态度。关于这次召对，《康熙起居注》和李光地本人的《榕村语录续集》中都有详细记载。当时，李光地的学术仍游移于朱王之间，对康熙向他提出了一些有关西学的知识大惑不解，他最初的反应是政敌熊赐履等人阴谋策划的刁难。不过，在召对中康熙表现出的对传统天文历学中一些穿凿附会之说很不以为然的态度，和他对西洋历法知识的内行，也使李光地明白了康熙的崇奖朱子、欣赏西学的学术趣味。受到降职处分的他开始逢迎上意，以笃信朱学相标榜，并对西学中的天文历算孜孜以求。他在北京遇到了历算名家梅文鼎，于是从其受学。由于这位大家的指导，李光地在历算方面的知识日增月进。虽然李光地在学习、传播历算知识方面并无独创性的贡献，但是，他促成梅文鼎撰写和刊刻了一系列历算方面的著作，如《古今历法通考》、《历学疑问》等；同时，通过聘请梅文鼎传授历算之学，招揽了一批颇有志于历算之学的学子，如魏廷珍、梅氏之孙梅珏成等。这批历算专才后来参与了《律学渊源》的编撰，迎合了康

---

① 参徐海松：《清初士人与西学》，第40、46页，北京：东方出版社，2000年。

熙的需要。尽管李光地对西学东渐的反应是被动和消极的，不过，他作为当时的理学名家，接受、传扬西洋历算之学，本身也表明西学已经凭借其精妙渗透到了正统的儒学传统之内。而这在当时对西学东渐热潮的高涨，无疑是有推动作用的。

如果说李光地对西学东渐的积极回应与推助，在某种程度上显示出当时正统儒学的开放性，因而具有较多的思想史意义，那么，薛凤祚、梅文鼎等几位历算名家对西学的吸收与传播，则具有更多的学术史与科技史意义。

薛凤祚曾从波兰籍传教士穆尼阁学习，他协助穆氏翻译了《天步真原》，首次将对数表传入中国，还采纳了属于哥白尼日心体系的行星运动图形与行星位置的计算方法。因此，薛凤祚接受的是当时西方最新的历算知识。[①]而梅文鼎主张："法有所采，何论东西？理所当明，何分新旧？"则体现了一种超越时空界限、以追求科学真理为宗旨的会通思想。[②]正是在这种健康的思想基础之上，他在吸收西方科学成就和中西会通方面都达到了清初第一人的境界。梅文鼎的历学著作多达62种，算学著作26种，其中不少广为刊刻流传。同时，他的弟子众多，门庭若市，导致西学东渐的热潮更为高涨。

在清初，研究、传播和运用西学乃一时之风尚，西学对当时的中国学术思想之发展起到了不可忽视的推助作用。尤其值得注意的是，清初的天文学研究空前时髦，数学研究亦空前兴盛。据统计，在《四库全书》所收自然科学著作中，1600至1770年间出现的天文学著作在历代天文学著作总数中占74%，而同一时期出现的数学著作

---

① 徐海松：《清初士人与西学》，第322页。
② 同上书，第345—346页。

在历代数学著作总数中占44%。更可喜的是，此前一直局限于朝廷的天文学，其重心首次转移到了民间，上述薛凤祚、梅文鼎等人，都是布衣历算家。①中国前近代历算知识主体的这种变化，其意义之深远是不容低估的。

四　礼仪之争

清初的西学东渐最初与康熙接受西洋科技的热情有很大关系。西学进入朝廷，一方面可以说是其东渐程度的提高，另一方面也使中西文化交流中的矛盾在一个新的层面得以展开，礼仪之争就是这一矛盾的集中体现。

礼仪之争指从17世纪30年代到18世纪40年代百余年间发生的关于中国礼仪和译名问题的争论。实际上，对罗马教廷来说，早就存在是否应允许中国天主教徒参加敬孔祭祖仪式，以及是否可以用中国典籍中的"天"、"上帝"及西文Deus之音译"陡斯"称呼天主的问题。这一争议上可以追溯到明末天主教传教士开始进入中国之时，而下者迁延至20世纪30年代罗马天主教廷宣布废除以往对中国礼仪的禁令，允许中国天主教徒进行祭祖和祭孔。因此，礼仪之争事实上超越了教会内部的争论，扩展到了整个思想文化界，成为18世纪以来中外文化交流过程中的一个重大事件。②

礼仪之争首先正式爆发在福建。在福建，由于主持当地教会的

---

① 参江晓原：《天文西学东渐集》，第390—393页，上海：上海书店，2001年。
② 参李天纲：《中国礼仪之争》，第1—2页，上海：上海古籍出版社，1998年。

传教士艾儒略对中国文化采取了十分开明的做法,包括允许教徒进祠堂祭祖、入孔庙祭孔,其他地区的中国信徒也大多如此,这种做法引起了天主教方济各会、多明我会的反对。而多明我会在欧州是神学权威,长期以来,他们主持教廷的"宗教裁判所",对裁判异端特别有发言权。对伽利略、布鲁诺、哥白尼案件的审判,都是由他们主持的。①

　　矛盾最终上交到教廷。1704年,教皇克莱门特十一世迫于反耶稣会势力的巨大压力,签署了谴责中国礼仪的谕令,并派遣铎罗主教为特使赴中国颁布之。1707年,铎罗在南京以公函形式对全体在华传教士颁布禁止中国教徒敬孔祭祖的"南京教令"。先前曾与铎罗在北京讨论过中国礼仪问题的康熙皇帝闻讯后大怒,他传令传教士,只有遵守"利玛窦规矩"、领取朝廷准予传教的"印票"、发誓永不回复西洋的传教士,方可在华传教。1715年,教皇克莱门特十一世再次签署谕令《自登基之日》,重申前禁,并要求彻底结束礼仪之争。但他不得不考虑基督教在中国的前途,乃于1719年任命嘉乐为特使,出使中国,以改善与中国朝廷的关系。嘉乐抵京后,见康熙捍卫中国礼仪的立场非常坚定,决定妥协。他拟定了八项准许,主要内容是允许中国教徒祭祖敬孔。康熙见此"八项准许",态度略有缓和。但在得知嘉乐怀揣着克莱门特十一世于1715年颁布的通谕后,康熙着人索取该禁约之底稿,令人译出。在禁约译稿上,康熙愤然加以朱批谕旨:"览此告示,只说得西洋人等小人,如何言得中国之大理……今见来臣告示,竟是和尚道士异端小教相同……以后不必西洋人在中国行教,禁止可也,免得多事。"实际上,康熙之所以如

---

① 参李天纲:《中国礼仪之争》,第1—2、35、37页,上海:上海古籍出版社,1998年。

图25 康熙致罗马使节关系文书

此生气，可能还有另一层隐忧。在清廷与罗马教廷因礼仪之争而引起的摩擦加剧时，他似乎感到了"海外如西洋等国，千百年后，中国恐受其累"[①]。

1742年，教宗本笃十四世再次颁布通谕，肯定了1715年的通谕，宣布嘉乐的"八项准许"无效。该通谕还以严厉的措辞禁止中国教徒行中国礼仪，禁止再讨论礼仪问题。而雍正、乾隆、嘉庆、道光年间，清政府也多次颁布限禁天主教传教的命令。于是，由耶稣会士开始的在中国二百余年的传教历史也终告结束。

乾隆时，虽然传教士中的宫廷画家郎世宁、天文学家戴进贤和天文兼地理学家蒋友仁等颇受礼遇，但西学东渐的广度与深度均难与康熙朝相比。而从雍正至道光中期，西学东渐更陷入低迷时期。究其原因，首先是由于礼仪之争导致的清廷禁教，西学的传播失去了一个重要的基础；其次则是由于康熙后的几位皇帝对西学不像康熙

[①]《清圣祖实录》，卷270。

皇帝那样有浓厚的兴趣，而士大夫中又缺少了像徐光启那种对西学具有"会通以求超胜"的文化竞争意识的人。此外，耶稣会在1773年被解散也是原因之一。明末清初来华的耶稣会士大多博学专精，多才多艺，因而能在北京以其所提供的多方面的服务而立足于朝廷，及至耶稣会解散，虽然有遣使会的接替，但其会士的学识与热情都难与耶稣士相提并论。

五　中学西渐

明清之际中西文化交流并不只是单向的西学东渐，与之相伴相随的还有另外一个过程，即中学西渐。这一文化传播过程对欧洲文明的意义，同样应该予以充分的肯定。

传教士来华，发现了一个与以往欧洲人所知道的不一样的中国，据学者研究，传教士在中国的将近两百年中，写了许多有关中国的著作，其中17世纪刊行的单行本有66种、非单行本有41种、未刊作品42种，这些著作对中国的介绍十分全面，相当一部分是正面的记述。在他们看来，除了中国人不知道上帝外，这里安定、富饶，可以说是治理得井井有条的完美国家。比较突出的有如利玛窦的《中国传教史》(1615年，Augusburg)，利玛窦在该书中将中国描绘为一个花园般宁静祥和的理想的共和国，将孔子比拟为古希腊的大哲学家，更认为中国人虽然失去了天神崇拜这一古老的宗教传统，却在儒家思想的指导下，遵循自然理性的指引，过着良善的道德生活。该书在17世纪的欧洲产生了巨大的影响。类似的著作还有曾德昭的

《中国通史》，又称《大中华帝国志》（1642年，马德里；1645年，巴黎），卫匡国的《中国新图》（1655年，阿姆斯特丹）、《中国上古史》（1658年，慕尼黑）和《鞑靼战纪》（1654年，安特卫普），安文思的《中国新纪闻》（1687年，巴黎），殷铎泽的《中国传教概况略》（1672年，罗马）及其与柏应理等人合著的《中国哲学家孔子》（1686—1687年，巴黎），李明的《中国现状新志》（1696—1698年，巴黎，两卷），白晋的《中国现状志》（1697年，巴黎）和《中国皇帝传》，《传教士书简集》（1703—1776年，巴黎）等。而杜赫德主编的《中华帝国全志》（1735年，巴黎，4卷）是在27位传教士的报告基础上编成的中国百科全书，全面地介绍了中国各方面的情况，影响极大。这些著作促进了欧洲人对中国的了解，也激发了他们了解中华文明的热情。许多传教士还将儒家经典如《大学》、《中庸》、《论语》、《孟子》、《周易》、《书经》、《孝经》、《诗经》、《春秋》、《礼记》等翻译为西文出版，受到了广泛的注意。① 此外，一些文学作品也被翻译过去，如元杂剧《赵氏孤儿》由法国传教士马约瑟译成法文，受到了伏尔泰的高度肯定；而清初才子佳人小说《好逑传》译成德文后，也获得了歌德的极力推崇。

当然，中华文明的远播欧洲，更重要的可能还是由贸易促成的。这一点与西学东渐始于天主教这一文化的精神层面、由传教士充当媒体不同，它是始于器物层面的。葡萄牙人1557年租借中国澳门，在远东建立了贸易据点。从此以后，各种中国产品，如陶瓷、漆器、生丝、锦缎，便通过葡萄牙人输往欧洲。接踵而至的是荷兰、英国、

---

① 以上综述参考了朱谦之的《中国哲学对欧洲的影响》和张西平的《中国与欧洲早期宗教与哲学交流史》中的相关部分。

法国等海上强国，它们纷纷建立远东贸易公司。到了18世纪，通过日益频繁的中欧贸易，中国产品，尤其是工艺美术品被不断地输往欧洲，开了中国文化影响近代欧洲文明的先河。例如在18世纪初之前，统治欧洲美术的是罗马式的巴洛克风格，它力图复活古罗马帝国的庄严、宏伟和富丽堂皇，其特点是雄浑，是一种骄傲和力量的艺术。①而洛可可风格的特征则"具有纤细、轻盈和繁琐的装饰性，变化多端，但仍保留一种巧妙的统一平衡，喜欢用中国式的S形、C形或漩涡形自由曲线，力求把所有直角都改为曲线；爱好轻巧和跳跃的形式……避免呆板和夸张；重视表面效果的光泽，爱好清淡柔和和精美雅致的色彩，苍白的基调和没有明显的色界使其清新明亮但不强烈"②。可见，这一优美的艺术风格来自与中国文化的契合。

与此同时，精神层面的中国文化在欧洲一时也成为知识精英最感兴趣的话题之一，18世纪的欧洲出现了空前的"中国热"。其影响之深远，欧洲的汉学家们至今还津津乐道，著名法国汉学家艾田蒲甚至将18世纪的欧洲称作"中国之欧洲"③。

培尔是法国启蒙运动的先驱之一，他的思想虽然有不少取自笛卡尔哲学，但也从中国文化中吸收了不少资源。培尔对中国的知识主要来自一些游记以及礼仪之争中控辩双方出版的著作，他在其影响巨大的《历史批判辞典》中，将这些知识作为有力的证据，以论证无神论的合理性以及他本人对宗教宽容的倡导。培尔断定中国人无神论最为彻底，实际上是在隐晦地攻击耶稣会的立场，并批判天

---

① 赫德逊：《欧洲与中国》，第250页，北京：中华书局，1995年。
② 张国刚等：《明清传教士与欧洲汉学》，第32—33页，北京：中国社会科学出版社，2001年。
③ 艾田蒲：《中国之欧洲》，洛阳：河南人民出版社，1995年。

主教。尤有意味的是,培尔可能是试图以中国为例,证明"由清一色的无神论者所组成的社会是可能存在的"①。换言之,一个健全的社会不一定需要宗教的维系,因为"中国的无神论永远没有阻止中华民族的形成和生存下来,这种无神论似乎帮助它维持生存和繁荣昌盛"②。这种观念在当时是相当激进的。

培尔曾是支持耶稣会的天主教徒,后改奉新教。历史上,天主教会对其他教派的迫害可谓屡见不鲜,作为新教徒的培尔自然会大力倡导宗教宽容。在此过程中,他很敏锐地引用中国的情况作为例证。在得知康熙皇帝曾颁布宽教令后,他感慨颇深地写道:"我不知道基督徒为什么会很少思考在那些异教徒王国中盛行的宽容思想,它们已被我们公开认为是蒙昧和残暴的国度。"③

宗教宽容是信仰自由和宗教多元主义等现代思想的先声,其在整个文明史上的意义是不容忽视的。如果说培尔上述思想的革命性还比较隐晦,那么,百科全书派则以对旧有的宗教、道德、社会知识体系和社会制度的坚决的否定态度登上了启蒙运动的舞台。而这些思想家大多将他们所张扬的理性精神溯源于希腊和中国。曾经诅咒《圣经》"只是一个由疯狂病的无知者在一个极坏的地方所写的著作"的伏尔泰,就是通过比较儒学和基督教来阐述他的思想的。他认为,中国文化是《圣经》以前的文化,更是《圣经》以外的文化。这种文化与基督教大异其趣,它不讲灵魂不朽,不谈来世生活。这种文化的集大成者孔子并不以神或弥赛亚自命,他不语怪力乱神,

---

① 《马克思恩格斯全集》,第2卷,第162页,北京:人民出版社,1957年。
② 维吉尔·毕诺:《中国对法国哲学思想形成的影响》,第372页,北京:商务印书馆,2000年。
③ 同上书,第363页。

真理在他那里绝不与迷信混同。这种比较使伏尔泰得出这样的结论：基督教完全是虚伪的迷信，是人类不幸的根源，应该从根本上废弃。①

伏尔泰在批判欧洲的传统宗教时，还以儒学为参照系倡导建立一种新的宗教——理性的、人道的宗教。他认为，只有中国的宗教才是真正的有神论，它只祭天和崇拜公道。它不是基督教意义上宗教，而是一种普世性的人道宗教。在《风俗论》一书中，伏尔泰引用传教士李明的《中国现状新志》中的话说："此国人民二千年来，即保存真神的知识，在欧洲陷入迷信腐败的时候，中国人民已经实行最有道德的纯粹宗教了。"②在伏尔泰看来，中国宗教即是他所向往和倡导的人道的、理性的宗教。

在法国启蒙思想家中，还有狄德罗、卢梭、霍尔巴赫、孟德斯鸠等人都曾受惠于中国文化和思想；此外，强调遵守自然法、以魁奈为代表的重农学派，其"全部理论均是中国哲学的产物"③。

在德国启蒙思想家中，莱布尼兹和沃尔夫在创造性地解释和运用中国文化思想方面，比法国同伴并无丝毫逊色。

莱布尼兹是当时欧洲对儒学最有研究的中国文化赞同论者。他青睐于中国的自然神论，认为儒学所讲的"理"是神而不是物质，是不与物质完全分离的精神本体。他指出，如果说中国缺乏启示神学，那么，它的自然神学却使中国人过着良善的道德生活。通过比较，莱氏得出如下结论："谁人过去曾经想到，地球上还存在着这么一个

---

① 朱谦之：《中国哲学对欧洲的影响》，第289-290页。
② 同上。
③ 这是一位法国作者的观点，转引自李肇义：《重农学派受中国古代政治经济思想影响之考证》，中山大学《社会科学》第1卷第3期。

民族，它比我们这个自以为在所有方面都优越的民族更加具有道德修养？……如果说我们在手工艺技能上与之相比不分上下，而在思辨科学方面要略胜一筹的话，那么，在实践哲学方面，即在生活与人类实际方面的伦理以及治国学说方面，我们实在是相形见绌了。"①他还深信，中国人合乎理性的道德规范是救治人类罪恶的良药，并将中国描绘为一个至治的理想国。他对当时的康熙皇帝极其赞赏，认为他有雄才大略，使得欧洲的科学和技术顺利地输入中国，把欧洲的文化与中国文化结合在一起。

正是基于对中国思想文化和社会现状的赞美，莱布尼兹对中西文化交流抱有很高的期待，他说："中国和欧州二大文化，分处地球的两端，在那一个特定的时期发生接触，互相裨益，实出天意。""在我看来，我们目前的情况，道德腐败，漫无止境，我几乎认为有必要请中国遣派人员来教导我们关于自然神学的目的及实践，正如我们派遣教士打开中国传授上帝启示的神学一样。"②

莱布尼兹的学生沃尔夫认为，中国人不仅发现了，而且非常善于运用自然理性的力量。在《关于中国人道德学的演讲》里，沃尔夫对他的听众说："中国人……总是注意理性的完善的一面，这样他们就可以认识自身自然的力量，从而达到自然力所能让他们达到的高度。"③他认为中国人的性善论基于对理性的崇尚，可以不依靠神的启示，不注重外在的根据，完全靠人们运用自然理性的态度来区别善恶，以善为快，以恶为厌。他相信，中国人的这种不依靠外

---

① 夏瑞春编：《德国思想家论中国》，第4—5页，南京：江苏人民出版社，1989年。
② 转引自〔德〕利奇温著，朱杰勤译：《十八世纪中国与欧洲文化的接触》，第71页，北京：商务印书馆，1991年。
③ 夏瑞春编：《德国思想家论中国》，第34页。

在根据的道德行为,"不是出于习惯,出于对主子的畏惧,而是出于个人的自由意志"①。因此,"中国人的行为包含着一种完全的自然权利,而在我们欧洲人的行为中,这种权利只有几分存在"②。

不难看出,沃尔夫对中国哲学的褒扬带有鲜明的夸张色彩。在当时高度专制的中华帝国,很难想象有如此美好的图景。但他却借着他想象中理想的王国,为人性、自然理性和人的权利谱写赞歌。沃尔夫因上述关于中国道德学的演讲而被解除了大学教授的职务,还被勒令在48小时内离开国境,由此可见他借中国思想表达的观念的革命性之一斑。

在明末清初的中西文化交流中,不论是西学东渐,还是中学西渐,都有一现象值得注意,那就是跨文本的误读。无论是传教士或中国的儒者基督徒将天主教的天主理解为古儒经典中的上帝,或是徐光启将欧洲描绘为理想的乐土,还是后来的启蒙思想家将中国文化理解为一种完全遵守自然法的思想体系,或认为中国人的行为中充分体现了自然权利等等,都很难说是一种切近天主教或中国儒学的本真面目的准确理解。事实上,当时中西方的知识精英都是借想象中的对方形象,来发现自身文化的缺陷与需要,进而阐发了一系列推进了当时中西文明之演进的思想。可以肯定的是,中西文明的交流对各自文明的发展都是有益的。

---

① 夏瑞春编:《德国思想家论中国》,第40页。
② 同上书,第42页。

第六章 文化建树

清代的文化建设与学术成就是与这一时代的发展特点联系在一起的。王国维在谈到清代学术时说:"国初之学大,乾嘉之学精,而道咸以来之学新。"①这大体准确地概括了清代学术发展的基本面貌。就"大"而言,清代进行的一系列重大文化工程以及清人治学所显示出来的气度,都表明中国传统文化进入了一个总结性的阶段。就"精"而言,清人在对传统文化进行总结的过程中,处处表现出了求深求细的态度。

---

① 王国维:《沈乙庵先生七十寿序》,《观堂集林》卷23。

一 《四库全书》

在历经几千年的发展之后，清代知识界面对前人创造的文化财富有一种强烈的压迫感。如纪昀（1724—1805）就感叹过："自校理秘书，纵观古今著作，知作者固已大备，后之人竭尽其心思才力，不出古人之范围。"（陈鹤《纪文达公遗集序》）无独有偶，乾嘉时期的另一位著名学者赵翼（1729—1814）也感叹："古来佳句本无多，苦恨前人已说过。"（《瓯北诗集·佳句》）

正因为有这种压力，清人努力把文化积累所造成的压力转化为一种资源，并日益突出地将其演绎成清代文化与学术发展的新主题，这就是全面总结与批判前人的文化成就。实际上，集大成从一开始就是清代学者的一种自觉意识。无论从某一思想流派来说，还是从整个文化的发展来说，都是如此。

清政府推行文教，倡导文治，继承历代王朝聚书、编书的传统，在搜求典籍，编纂图书方面下了很大功夫。整个18世纪官修书籍不仅数量繁多，而且范围广泛，门类齐全。如《康熙字典》、《佩文韵府》、《骈字类编》、《全唐诗》等，都是清代编纂的有影响的大书。同时，民间刊刻的丛书也达到了鼎盛时期，如包揽四部的有曹溶的《学海类编》、张潮的《昭代丛书》、鲍廷博的《知不足斋丛书》等，以精校古籍著称的则有毕沅的《经训堂丛书》、卢文弨的《抱经堂丛书》、胡珽的《琳琅秘室丛书》等，以重视版本著称的有黄丕烈的《士礼居丛书》、孙星衍的《岱南阁丛书》等，诸如此类，无论在种类上，还是在规模上，都是前代所无法媲美的。

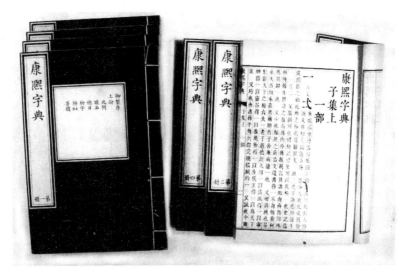

图26 康熙五十年内府刻本张玉书、陈廷敬等编《康熙字典》

康乾时期的中国是当时世界上最发达的国家之一,经济的繁荣、国家的富庶和社会的安定,都为国家展开更大规模的文化工程提供了有利的条件。康熙、雍正年间编纂的《古今图书集成》就是一部超大型类书,此书共一万卷,分六编、三十二典、六千一百零九部,约一亿六千字。序文称:"凡六合之内,巨细毕举,其在《十三经》、《二十一史》,只字不遗;其在稗史、子、集,十亦只删一二。"虽属夸大之词,但内容极为丰富却是事实。

乾隆时期更调动巨大的人力和物力编纂了《四库全书》。当时,朝廷设立了四库全书馆,征召翰林院和全国各地的著名学者入馆担任纂修官,从事考核编纂工作。纂修工作主要分为三个部分:一是对宫内藏书和清代历朝皇帝下诏编纂的图书进行整理;二是向全国采进公私藏书,加以甄别、校勘和考证;三是从《永乐大典》中抄录和辑佚当时已失传的珍本、善本。其中向全国的征书牵涉面广,工作量也最大。当时，清政府在直隶、江苏、浙江、江西、安徽、湖南、福建等经济文化较发达的省份，特设书局，由专人负责，购访图书。由于江南一带历来藏书之风盛行，所以是征集的重点。此外，有关方面还注意借助商人特别是书商的力量，寻访书籍。为了表彰献书有功的藏书家和搜访得力的地方官员，清政府制定了一些奖励办法，如进书五百种以上者，奖励《古今图书集成》一部，进书一百种以上者，奖励《佩文韵府》一部。而在编纂工作完成后，所进之书仍发还原主，进书多的，还可能得到乾隆的题咏，这在当时也被世人视为崇高的荣誉。从乾隆三十八年（1773）二月开馆修书，到四十九年（1784）十一月内廷四阁庋藏本完成，历时十余年。

《四库全书》一共收书三千五百多种、七万九千多卷，总量达九亿九千万字，几乎囊括了清中叶以前所有的文献典籍。同时，还在中国传统学术的理论框架内加以系统归类，从而构成了中国古代最为庞大的知识世界。像这样规模的文化工程，不仅在中国历史上罕有其比，就是在当时的世界上，也是绝无仅有的。它既是康熙中叶以来对传统文化加以总结、整理的学术风气之结果，也反映了康熙、雍正以来日趋强盛的国力所提供的安定富庶的社会经济条件。

与《四库全书》配套的《四库全书总目提要》则不仅是中国古代规模最为宏大、编制最为出色的一部书目，而且也可以说是一部最为全面的学术批评史和学术文化史。从目录学的角度说，《四库全书总目提要》继承前人成法，精心编次，在类目的设置归并和书籍的具体隶属方面，都有改进。从学术研究的角度说，《四库全书总目提要》在四部之首，各冠以总序，揭示其源流正变。四部之下众多类目，也都有小序述及本类目学术的要点与发展。特别是对四库所

图 27 台北故宫博物院藏文渊阁本《四库全书》

著录之书,一一为之撮举大旨、校其得失,考评精审、旁通曲证,使学者知其书瑕瑜之所在,处处显示出一种宏观把握、鸟瞰全局的气度。总之,《四库全书总目提要》不但将古代目录的编纂工作提高到了一个新的水平,也显示了清代学者对知识的整体及各知识门类相互关系的全面把握。①

这里,有一点需要加以说明。前人经常指斥清政府在修书的同时,也对古代文化典籍进行了大规模的、有目的的删削与篡改。应当说,清政府对图书的禁毁确实是严厉的。②但如果说清政府的目的只是"寓禁于征",进而全盘否定《四库全书》却是不公正的,也不完全符合《四库全书》的纂修初衷

---

① 关于《四库全书总目提要》的学术成就,可参看周积明著《文化视野下的〈四库全书总目〉》(中国青年出版社,2001年)。
② 对此,前人多有统计。黄爱平《四库全书纂修研究》(中国人民大学出版社,1989年)统计尤详,该书78页指出,在清政府的禁书过程中,共禁毁书籍三千一百多种,十五万一千多部,销毁书板八万块以上。

与实际。①虽然迫之以期限，又成于众手，不免造成纰漏，留下遗憾，但无论如何，这种对古代文化大规模的盘点已经超出了一般意义上的盛世修书，它实际上是以集大成的趋势为基本动力的，是文化发展的一种必然。

而且，这种大型的文化工程不仅中央政府在做，一些地方官员也尽其所能地在做。阮元（1764—1849）就是其中的一位杰出的代表。他不仅自身坚持不懈地从事研究，还大力提倡整理典籍，刊刻图书。他主持编刻的《十三经注疏》暨《校勘记》就是一部非常重要的经书注疏合刻本，后来经一些学者的纠谬补遗，此书成为学者读书治经的必备书籍。

在谈到清代文化的集大成工程时，还有一个不能不提到的文化现象，那就是藏书。清政府在组织纂修《四库全书》时，也采取了一些措施促进官私收藏，其中较为重要的是建设南北七阁藏书，即内廷四阁（也称北四阁）和江浙三阁（也称南三阁）。北方的文渊阁、文源阁、文津阁和文溯阁是皇家藏书楼；江浙的文宗阁、文汇阁和文澜阁虽是国家藏书，但对士子开放，允许他们就近观摩誊录，在传播古代文化和促进学术研究方面起到了一定的积极作用。遗憾的是，南北七阁所保存的七套《四库全书》，在以后的社会动荡中，历尽沧桑。先是文宗、文汇二阁毁于太平军战火，后来文源阁又在英法联军火烧圆明园时化为灰烬。幸存的四套除文澜阁本原址移交浙江图书馆外，文津阁本转为国家图书馆收藏，文溯阁本西迁至甘肃省图书馆，而文渊阁本东渡台湾，为台北故宫博物院收藏。

---

① 参见陈新：《由宋人别集浅论〈四库全书〉》，载《古典文献研究论丛》，北京：北京大学出版社，1995年。

值得一提的是,清代的私人藏书也发展到了鼎盛时期。①不少士大夫嗜书成风,醉心于集书、抄书、校书与搜访秘籍。一些著名藏书家,同时也是杰出的版本学家。自明末以来就享誉天下的"天一阁",藏书更是丰富精良、价值连城。黄宗羲、钱大昕、阮元、万斯同、全祖望等学者,曾有幸获准登楼看书。

修书、藏书的风气对学术发展也有直接的推动作用。清政府在修书的同时,网罗了一大批学有所成的学者,如卢文弨、王鸣盛、纪昀、庄存与、毕沅、王念孙、钱大昕、戴震、阮元、凌廷堪等,都在乾隆朝进士及第,他们后来也都成为乾嘉学术发展的中坚,在目录、版本、校勘、辨伪、辑佚等方面各有所长。而"四库全书馆"则几乎成了乾嘉学派的大本营,客观上推动了考据学的深入发展。《四库全书总目·凡例》就标明了"考证精核,辩论明确"的"实学"主张。

二 乾嘉考据学

考据学的盛行就是在集大成的文化背景下出现的新的学术亮点。考据首先是一种观念,其次才是一种方法。因此,考据的盛行,也折射出思想与学术的消长。

对于考据学的产生,以前不少人喜欢从明清易代造成的士人无

---

① 据李玉安、陈传艺编《中国藏书家辞典》(湖北教育出版社,1989年)统计,其中所载宋元藏书家为196人,明代为203人,清代为309人。又据郑如斯、肖东发编《中国书史》(书目文献出版社,1987年),清代藏书家多达500余人。

所用心以及"文字狱"的严酷方面找原因，但这只是部分的原因。事实上，乾隆为了扩大统治基础，推广文治，主张"崇宋学之性道，而以汉儒经义实之"①，并明确肯定"发挥传注，考核典章，旁暨九流百家之言"的汉学"有所发明，有裨实用"②，对方兴未艾的汉学采取了优容的态度，使之迅速上升为一种占据主导地位的学术潮流。同时，考据学的蔚然成风，还有学术发展内部的原因。首先，不断回归原典，本来是学术史的一个规律，而清代学者批评宋明儒生"束书不观，游谈无根"，使学术由"蹈虚"向"征实"转变，也是一个趋势。

考据学以小学为先导与枢扭，对以儒家经典为核心的历史典籍进行周密的考订，涉及文字、音韵、训诂、目录、版本、校勘、辨伪、辑佚、注释、名物、典制、天算、金石、地理、职官、乐律等众多学科门类。经考据学家的努力，艰涩难解的古籍，通过训诂注释变得明白晓畅，而那些章简错乱的书，通过校勘得到了订正，那些真伪莫辨的书，也通过考证辨明了身份。可以说，清代学者对古代典籍的整理性研究为总结和清理中国传统文化奠定了一个坚实的基础。

考据学最突出的特点是强调证据，总是在大量例证的比勘审核中，归纳出可信的结论。如阎若璩（1636—1704）的《古文尚书疏证》为了证明梅赜的《古文尚书》是伪书，引用了近千条材料。但考证本身并不是唯一的目的，有时它只是一种方式或路径。考据家们反对宋儒专凭臆断，凿空说经，而主张通过经籍的文字音训本身来究明

---

① 《翚经堂芜集》一集，卷2，《拟国史儒林传序》。
② 王重民辑：《办理四库全书档案》，上册，第1页，国立北平图书馆1934年印本。

经义原解。戴震(1723—1777)强调"经之至者道也,所以明道者其词也,所以成词者字也。由字以通其词,由词以通其道,必有渐"①。他最重要的义理著作《孟子字义疏证》就是以训释经书字义的形式展开的。后来,阮元也坚持自惠栋、戴震等倡导的由文字音训以明经达道的治学理念,他明确说:"圣人之道,譬若宫墙,文字训诂,其门径也。门径苟误,跬步皆歧,安能升堂入室乎?"②可见,由文字音训以求义理,是考据学家共同信奉的原则和追求的目的。

图28 清人绘戴震像

从发展的角度看,顾炎武是乾嘉考据学派的奠基者,稍后的阎若璩、胡渭、姚际恒等人,虽然继承了清初思想家重视经学、反对空谈的主张,但经世致用的精神却淡薄了,与此相应,清初学者"汉、宋兼采"的学术倾向也渐为"尊汉抑宋"所替代。由于考据学名家辈出,因地望、学殖、师承之不同,又形成了不同的流派,如以惠栋及其后学形成的吴派和以戴震为代表的皖派等。

戴震不只是学者,也是思想家。较之一般乾嘉学者只是声称在

---

① 《与是仲明论学书》,《戴震集》,第183页,上海:上海古籍出版社,1980年。
② 《拟国史儒林传序》,《揅经堂集》一集,卷2。

名物训诂中见义理,他更自觉地将训诂考证与义理结合起来,在对经典的诠释中表达自己的观点。因此,他提出许多深刻的思想见解,如他尖锐地批判理学家宣扬的"理"的虚伪和残酷,指出"酷吏以法杀人,后儒以理杀人",他说:

> 尊者以理责卑,长者以理责幼,贵者以理责贱,虽失,谓之顺。卑者、幼者、贱者以理争之,虽得,谓之逆。于是下之人不能以天下之同情、天下所同欲达于上,上以理责其下,而在下之罪,人人不胜指数。人死于法,犹有怜之者,死于理,其谁怜之。①

比之袁宏道、李贽的个人化、感性化社会批评,戴震的言论既有学术研究作为立论的基础,又从整个社会政治格局着眼,所以更具思想深度。虽然他提出的"体民之情,遂民之欲"之类的主张并未逾越孟子的"仁政"思想,与18世纪西方思想家高倡自由、平等、人权、民主等资产阶级学说的情形相比,这种独立思考的思想火花也还只是零星的闪烁,但在清王朝盛极而衰的背景下,其社会意义是不应低估的,它也反映了当时历史条件下先驱者所能达到的高度。

在清代学术的发展中,汉宋之争是一个鲜明的主题。历史上,所谓"宋学"其实是作为"汉学"的对立面或补充物发展起来的。两汉经学笺注经典,流于繁琐,宋学反其道而行之,不以章句训诂为中心,深究经典蕴涵的义理。就其基本取向而言,汉学长于

---

① 《孟子字义疏证》卷上《理》,《戴震集》,第275页,上海:上海古籍出版社,1980年。

训诂，持论有据，注重师传宗法，祖述旧典，缺乏创新；而宋学则不拘古经，拓展思维，但想象杜撰，有时流于牵强附会。两种取向一偏于学术，一侧重思想，所以汉宋之争在一定程度上也就表现为思想与学术的消长。无论是从学术史的由汉而宋再折返于汉的趋势来看，还是从清初经世致用之学的角度来看，乾嘉考据学的产生与发展无疑是思想的消退。①

但是，简单地说乾嘉考据学完全以学术取代了思想也不全面。不但如上述戴震的"志存闻道"，在考证中阐发义理，一定程度上为乾嘉考据学向"纯学术"倾斜及时作了纠偏，其他汉学家也并非只有考据，没有思想。不少人就力图在考证性研究中表现自己的思想。如钱大昕考证历代正史，既纠谬正误，也发微揭隐，以谈古论今的方式，总结历史经验，在批评暴政、揭露吏治腐败等方面，都提出了比较尖锐的观点。

实际上，在乾嘉考据学发展的同时，也不断有人调和汉宋之争，即便在乾嘉考据学发展的高潮，一些学者对宋明学者正心诚意、立身制行之说还是十分认同的。惠栋就说过："汉人经术，宋人理学，兼之者乃为大儒。"②而纪昀主持的《四库全书总目提要》也认为汉宋之学各有短长，所谓"考证之学，宋儒不及汉儒。义理之学，汉儒亦不及宋儒"③。因此，主张消融门户之见而各取所长。到章学诚、焦循、龚自珍等人出来，更打破汉宋门户，使思想与学术重新走上了相互生发的道路。

---

① 葛兆光《七世纪至十九世纪中国的知识、思想与信仰》一书将这种消长描述为"真理性与真实性的对立，或者叫思想与学术的对立，以及'义理'与'考据'的对立"，不为无见，但稍嫌过之。参见此书第500页，复旦大学出版社，2000年。
② 惠栋：《九曜斋笔记》卷2，"汉宋"条。
③ 《四库全书总目提要》卷35，经部《四书集注》条。

考据学不但本身取得了值得重视的成就，也为中国学术的发展提供了一系列新的思维与方法。

首先，众所周知，中国传统学术习惯于把宇宙作为整体来把握，对抽象而朦胧的"天"、"道"、"理"之类的思辨，凌驾于对具体学术的分析，宋儒更将这一思致趋向发展到了极点。如朱熹就反对不穷天理、明人伦而"兀然于一草木一器用之间"，认为那不算学问。①而乾嘉考据学对各门学术作细致深入的考证，则反映了传统学术从注重伦理道德向重视知识转变、从包罗万象的道统向分门别类的具体科学的转变。②如戴震认为"事物之理，必就事物剖析至微而后理得"③，主张"凡植禾稼卉木，畜鸟兽虫鱼，皆务知其性"④，明显有别于宋儒以整体代替个别的思维方式。虽然这种转变与现代学术分类还有很大距离，更没有直接推动相关科学的产生，但是关注具体事物的思路，对从哲学上改变以道统凌驾和统驭一切学术门类的局面，无疑是有重大意义的。

其次，考据学倡导了一种善疑多思的求实精神。汉学重实事求是的精神为清代学者所继承。钱大昕认为"通儒之学，必自实事求是始"⑤。阮元也强调自己的研究，只是"实事求是"⑥而已。正因为他们重视实事求是，所以敢于提出问题。阎若璩称"学者莫善于阙疑"⑦，而戴震则提出"学者当不以人蔽己，不以己自蔽"⑧，就体现出一种追求

---

① 《答陈齐仲》，《朱文公文集》卷39。
② 参见萧萐父、许苏民：《明清启蒙学术流变》，第652页，沈阳：辽宁教育出版社，1995年。
③ 《孟子字义疏证》卷上，《戴震集》，第265页。
④ 《绪言》卷上，《戴震集》，第362页。
⑤ 《潜研堂文集》卷25《卢氏群书拾补序》。
⑥ 《揅经室集序》。
⑦ 《潜邱札记》卷3。
⑧ 《答郑用牧书》，《戴震集》，第186页。

真知的科学精神。梁启超《清代学术概论》称赞他们"无认何人而言，决不肯漫然置信，必求其所以然之故"，"苟终无足以起其信者，虽圣哲父师之言不信也"。

再次，考据学努力使博涉与专精相结合。乾嘉学者强调"以博学为先"①。所谓"博"，一是指兼治多个研究领域乃至不同学科，如阮元就在总结前人学问的基础上，于经史、小学、天算、舆地、金石、校勘、书法艺术等，都有较大的贡献；一是指广泛涉猎与运用相关材料。所以王引之说："经之有说，触类旁通。不通全书，不能说一句；不通诸经，亦不能说一经。"②虽然"贪多务博"、"务为无理之繁富"也曾招致一些批评③，但不少乾嘉学者在重视博涉的同时，也同样重视专精。当然在博涉与专精的强调上，乾嘉各派有不同的侧重点。但这种区别是次要的。从实践上看，他们都可以说做到了这两方面的结合。当然，从今天看来，他们所谓的"博"还是在传统经学的范畴内打圈子，局限性还是很明显的。

复次，考据学还表现出精审博证的治学方法。言必有据，无证不信是他们的信条，如阎若璩说"要事求有据，不敢凭意以决矣"④。所以，在研究中，"旁引曲证"、"考究精密"⑤是他们的基本方法，如王念孙《读书杂志》为考证一字，往往罗列古籍，旁征博引，并能经归纳法得出古书致误缘由。事实上，考据学家对归纳法运用得相当普遍和娴熟，并使之充分客观化和规律化。⑥对于归纳法的运用，

---

① 钱大昕：《潜研堂文集》卷21《抱经楼记》。
② 王引之：《王文简公文集》卷3《〈中州试牍〉序》。
③ 参见章学诚：《章氏遗书》外编卷3《丙辰札记》。
④ 《潜邱札记》卷2。
⑤ 见《四库全书总目提要》对胡渭的评论。
⑥ 参见漆永祥：《乾嘉考据学研究》，第88页，北京：中国社会科学出版社，1998年。

李约瑟（Joseph Needham）曾给予高度评价，认为"在中国人过去的时代精神中，显然没有任何东西能够阻止人们去发现那些符合于最严格的考据原则、精确性和逻辑推理知识"①。

有趣的是，一些西方汉学家对清代考据学的评价似乎比中国学者更高一些。艾尔曼（Elman）在《从理学到朴学——中华帝国晚期思想与社会变化面面观》一书中称："清代小学家同他们的欧洲同行一样，追求语言的简明、清晰、纯净，这种追求引导他们揭露当时通行思想及表达方式的种种谬误。"他还特别提到："新学术的冲击改变了儒学的追求，使之由追求道德理想人格的完善转向对经验性实证知识的系统研究。……在西方学术传统中，社会环境类似的变化曾促使18世纪启蒙运动的出现。"进而认定在中国实证科学必需的机制已经形成。②问题是，为什么除了戴震等极少数人之外，乾嘉考据学并没有真正导致科学理念与启蒙思潮的兴起？

也许，研究对象的狭窄是造成研究方法无法彻底发挥其思想作用的一个原因，不但如此，它甚至可能还限制了本身的发展。王鸣盛就说过"治经断不敢驳经"，"但当墨守汉人家法，定从一师，而不敢他徙"③，就表现出极为保守的态度。钱大昕则说"《六经》定于至圣，舍经则无以为学"④，也拘于经典，作茧自缚。由于乾嘉考据学过分专注于古代典籍，并大多局限于书本上的研究，其整体价

---

① 参见《中国科学技术史》第一分册，第312—313页，北京：科学出版社，1978年。另外，此书第310页还引述了另一位西方汉学家恒慕义（Hummel）的话，肯定了归纳法作为研究方法的重要性。
② 参见此书中译本，第5、27、59页，南京：江苏人民出版社，1997年。
③ 王鸣盛：《十七史商榷序》。
④ 《潜研堂文集》卷24，《〈经籍纂诂〉序》。

值取向必然脱离实际,脱离政治。

总之,乾嘉考据学家们始终面对的是传统的文化资源,所做的工作也始终是在总结,而不是在开辟。这是时代所赋予他们的学术命题。

三　学术格局

在集大成的意识引领下,运用精密的考证,清代各门学术都有了长足的进步,呈现出继先秦"百家争鸣"后又一个人才辈出、学派林立的学术景观。梁启超在《中国近三百年学术史》中曾概括"乾嘉诸老"所做的工作:(一)经书的笺释;(二)史料的搜补鉴别;(三)辨伪书;(四)辑佚书;(五)校勘;(六)文字训诂;(七)音韵;(八)算学;(九)地理;(十)金石;(十一)方志之编纂;(十二)类书之编纂;(十三)丛书之校刻。这大体涵盖了清代学术发展的基本格局与知识谱系。

如前所述,清代学术界对宋明理学的反动和对汉学的回归,是从经学开始的。清代学者以求实的态度,廓清后世对经书的误解与歪曲。如对孔孟思想中"仁"这一概念,理学家有种种解释。阮元从儒家原典出发,逐一分析《论语》、《孟子》中有关论述,从而得出比较符合原始儒学的本义。①一些学者还试图超越汉宋,综括前代,为儒家经典撰著新疏新解,几乎每一部经书都出现了超迈前代的集大成之作,如戴震的《孟子字义疏证》等。清道光初阮元主编

---
① 《〈论语〉论仁论》,《揅经堂集》一集,卷8。

之《皇清经解》，汇刻清代训释儒学经书的著述78家，180余种，计1412卷；光绪十一年（1885），王先谦编《皇清经解续编》，收集阮编所遗漏的及乾嘉以后著作又计110家，209种，1430卷。此二书规模宏大，反映了清代经学的成就。

与此相关的是小学的研究。小学的研究范围包括文字学、音韵学及训诂学，以往都是附属于经学的。但清代学者十分重视小学在经学研究中导夫先路的作用，使得附庸蔚为大观，各自形成了相对独立的专门学科。如段玉裁（1735—1815）《说文解字注》对《说文》所载各字逐一详

图29 清人绘阮元画像

细作注，阐明每字的音韵训诂，把《说文》在考订文字、声音、训诂三方面的学术价值阐发无遗，并且创造了一些研究词义的方法，为汉语训诂学的发展开拓了新的门径。而指正讹脱衍误，断制也颇为精审。

在训诂学方面，清代学者对群经诸子及相关典籍进行了深入的考证训释，如《读书杂志》就是王念孙在详细校阅古籍基础上，考辨、订正古书及其注释的重要著作，于古义晦误、写校妄改皆一一

辨明，在训诂方面贡献尤为突出。清代学者还对古代典籍的文字训诂作了一番整理汇总，其中最有代表性的当推王引之（1766—1834）的《经传释词》和阮元主持编纂的《经籍纂诂》二书。《经籍纂诂》荟萃了古代经典和诸子百家训诂，群经旧注，古史及诸子旧注、史部、集部旧注以及字书等各方面的材料，将唐以前的训诂资料几乎网罗殆尽。

  清代学者在校勘方面也硕果累累。如阮元总其成的《十三经注疏校勘记》，每经皆以八种以上唐宋至清的不同版本及各家著作进行校勘，校勘记主要记其异同，个别者定其是非，对今天整理诸经仍有很大帮助。清代学者还做了大量的辑佚工作。除了官修《四库全书》时，从《永乐大典》中辑得宋元前佚书388种外，民间也出现了大规模辑集古代典籍佚书的活动。严可均（1762—1843）是清代辑佚学者中贡献较大的一位，他曾参与清政府所开全唐文馆的工作，感到唐以前文也应有总集，俾与唐文相接。于是下决心广搜各种书籍及金石文字，自上古迄隋，鸿裁巨制，片语单词，无不综录，最终以《全上古三代秦汉三国六朝文》行世。同时，他还辑有《抱朴子内篇佚文》、《桓谭新论》、《刘向说苑佚文》等数十种。

  在目录学方面，清代学者也取得了重要的成绩。除了前面提到的《四库全书总目提要》这样的划时代的著作外，清代的目录学大致可以分为两大派。① 一是以章学诚（1752—1800）为代表的"义例派"，主张目录应该通过完美的分类体系以及类序提要来条别学术源流，辨明家传授受，反映学术演变，发挥"辨章学术，考镜源流"的功能。章学诚的《校雠通义》集中反映了他在目录学上继往开来、

---

① 参见李国新：《论乾嘉目录学》，《北京大学学报》1986年第4期。

变革创新的贡献。另一派是以钱大昕为代表的"考订派",注重目录版本学在考订经史、订正文字、选择善本、搜集佚文、辨别伪书等方面的作用,强调它们在研治、整理古代文献中的实际效用。

与经学成就同样突出的是史学。在清代史学中,《明史》的纂修是一个重要的事件。从清初开始,就不断有人私修明史,实际上为官方修史提供了一个很好的学术氛围。顺治二年(1645)清政府正式开馆纂修明史,至雍正十三年(1735)告成,历经万斯同、王鸿绪等众多学者长期纂辑和修订,终于完成一部继前四史后最受好评的正史。①《明史》不但继承了历代正史编纂的经验与史书成例,又有所创新,如《七卿年表》、《阉党传》、《土司传》等,都是根据明代社会的特点新设立的项目。

清代史学还有一个值得重视的进展,就是与乾嘉考据学兴盛联系在一起的大批历史考证著作的涌现。其中最具代表性的有王鸣盛的《十七史商榷》、钱大昕的《廿二史考异》、赵翼的《廿二史札记》。这几部书虽然性质不尽相同,但都体现了清代学术博大精深的特点。一方面,它们都面对历代史书,纠举疏漏、校订讹误、驳正舛错、评论得失,大有总结既往的性质;另一方面,它们又都涉及历代史书中的文字、史实、人物、典制、舆地等广泛的知识领域,充分表现了一代学人的博学多识。

清代地方志的编撰也达到了鼎盛时期。据《中国地方志联合目录》所载,清代地方志有5701种,占现存地方志的70%左右,平均

---

① 赵翼《廿二史札记》卷九称:"近代诸史,自欧阳公《五代史》外,《辽史》简略,《宋史》繁芜,《元史》草率,惟《金史》行文雅洁,叙事简括,稍为可观,然未有如《明史》之完善者。"钱大昕《十驾斋养新录》卷九也称赞《明史》"议论平允,考稽详核,前代诸史,莫能及也"。

每年修志二十余种。清廷不但组织纂修了规模宏大、内容丰富、体例完善、考订精审的全国地理总志《大清一统志》，还严谕各地纂修方志，凡省、府、州、县、乡、镇、盐井、土司都有志书。这些地方志大多数是官修的，但地方官在主持修志时，常常吸引一些学者具体负责编纂工作，如戴震、章学诚、钱大昕、洪亮吉、阮元、孙星衍、王鸣盛等著名学者都参与过修志活动，这对提高地方志的质量有很大作用。不但如此，一些学者还对

图 30 故宫博物院藏钱大昕隶书七言联

地方志的编纂进行了理论探讨，形成了以戴震为代表的地理派和以章学诚为代表的历史派。地理派注重地理历史沿革及其考证，以为古今沿革是作志者首先应予重视的，故有关山川等地理内容务期详尽。而历史派则认为方志如国有史、家有谱，力主方志立"三书"体例，即志、掌故和文征。从研究的深度和广度说，章学诚所作的努力最为突出，他在地方志的性质、内容、编纂等方面，都提出了精辟的见解，可以说为地方志的进一步发展奠定了理论基础。

总之，清代学者在吸收前人研究成果的基础上，通过训诂笺释、版本考定、文字校勘、辨伪辑佚等方法，对历史文献典籍进行了大规模的整理和总结，从一定程度上说，这其实是对以经学为中心的

思想传统的重构。当然,也正是由于其知识谱系是围绕传统经典展开的,所以,它的局限性也很明显。我们知道,中国传统的知识谱系实际上是以经史子集为统领的,这一点在清代并没有发生根本性的改变,虽然清代学术的划分在这一基础上更加细密了,例如《四库全书》的总目就已达到了44个门类,但是与同时期西欧知识的高度系统化、专门化相比,特别是落实到教育体制和课程分类上,清代学术仍然有明显的不足。

当然,清代学者也并非完全不关心自然科学。在四库馆臣中戴震是少数精通数理之学的人之一,他也从事过自然科学方面的研究,写过《考工记图》、《勾股割圆记》等著作,并在经学研究中,运用了一些自然科学方面的知识。不过,在这方面他基本上还是停留在以自然科学的知识阐释经籍的层次,与传统的"格物致知"的思想只有程度上的不同,没有本质上的区别。此外,如江永、阮元、陈澧等人也撰写过一些自然科学方面的著作,阮元在主持诂经精舍、学海堂两个书院时,在课程设置上,除了经史、小学外,还有天文、地理、算学等内容。特别是随着西学的不断转入,清代学者对待自然科学的态度以及知识结构也多少发生了一些变化,产生了梅文鼎、明安图等杰出的科学家。但是,在这些经学家那里,自然科学的知识还没有也不可能形成为一个独立的科学系统,也没有成为一种思维方式。儒学要突破人文领域而进入自然的世界,还是一个极为艰难的课题。①《四库全书总目提要》就十分突出地反映了传统儒学重道轻艺的倾向。《总目》卷首《凡例》明确宣称:"圣朝编录遗文,经阐圣学、明王道者为主,不以百氏杂学为重也。"在所著录的科技文

---

① 参见余英时:《论戴震与章学诚》,第5页,北京:三联书店,2000年。

献中，也以数学、天学、农学、医学、地学等方面为多，而工程技术方面的相对较少。所以，一些重要的科技著作都未收入《四库全书》之中，如明末学者宋应星的百科全书式总结生产技术的专著《天工开物》就没有收录。明末清初一批西方传教士与中国士大夫合作，编译了不少有关西方科技文化方面的书籍，《四库全书》仅收了少量的作为点缀，如罗雅谷、徐光启著译的《测量全义》等就未收录。

乾嘉考据学发展到王念孙、王引之、段玉裁等人，逐渐成了强弩之末。对于它的衰落，一般认为与它的脱离实际有关。也就是说，清代社会由盛行而衰，社会矛盾日益尖锐后，偏重于名物训诂的学术研究，对重大社会问题的解决无能为力，适应不了形势的发展和需要，必然走向没落。

清中叶以后，随着今文经学的复兴、经世思潮的崛起，学人议政之风盛行，变法之论渐起。一些经世致用之学迅速取得了长足的发展，如边疆史地学的兴起。这些有关边疆史地的纪闻之作，是清代疆域辽阔的体现，也是西部受到强敌威胁的反映，其中关于西藏的《卫藏通志》《西招图略》，关于新疆的《新疆识略》《西域水道记》等等，都较为突出。从学术深度上说，这些著作也许超不过乾嘉考据学派的著作，但是，它们反映了另一种学术视野。

第七章 民族之花

清朝在多民族统一国家的建设方面取得了巨大成就，其文化的"博大"也包含了少数民族文化发展的内容。作为中华民族大家庭的成员，各少数民族取得的文化成果，不仅象征着本民族自身文明程度的进一步提高，同时也是中华文明不可或缺的重要组成部分。

当代中国的少数民族，大部分在清朝已经完全形成。一个民族从发源、发展到定型，要经历漫长的历史过程。对本民族的历史、语言、文化加以系统总结，通常是以该民族自身文明程度达到较高水平为前提的。它不同于单纯的史诗一类民间文学作品，而是精英文化的体现。在清朝，这方面成就比较显著的，主要有蒙、藏、满、回诸族。

一　历史与文化

蒙古族早在13世纪就曾编纂本民族最早的史学著作《蒙古秘史》（古代一般称为《元朝秘史》）。明代后期，随着蒙古地区经济、文化的发展，又出现了《阿勒坦汗传》、《黄金史纲》、《黄史》等史书。《黄金史纲》作者不详，书中对东、西蒙古两部的相互关系记述颇详，是了解15、16世纪蒙古族历史的重要史料。受喇嘛教传播的影响，这些史书都将蒙古王统上接于吐蕃和印度，并且夹杂着许多宗教、神话传说。

到清代，蒙古族类似的史书数量更多，编纂水平也有进一步提高，内容也相当丰富。有的是写蒙古历史和蒙古贵族谱系，有的是记述个人传记，还有记某一地区特别是边疆史地方面的情况，著述蒙古从兴起到明清时代的历史，包括政治、军事、经济、文化和宗教等各方面。成书于康熙元年（1662）的《蒙古源流》，由鄂尔多斯部人萨冈彻辰（1604—?）编著，从世界形成、佛教起源与传播、成吉思汗建国、元明两朝蒙古族情况，一直讲到蒙古并入清朝统治，原委清晰，叙事明白。乾隆时，此书相继被译为满文、汉文，并收入《四库全书》，一度成为蒙古史书中流传最广、声誉最著的作品。稍晚成书的还有罗卜桑丹津的《蒙古黄金史》[①]，其叙事范围与《蒙古源流》相近，而内容更加细致，保存了大量古老的蒙古史料。这两部书与《蒙古秘史》并称为蒙古文三大历史著作。此外，清代的蒙

[①]《蒙古黄金史》的成书年代存在较大争议。较多的学者认为，它成书于17世纪末到18世纪初。参阅〔蒙古〕沙·比拉《蒙古史学史（十三世纪至十七世纪）》（陈弘法译，内蒙古人民出版社，1988）第199—204页，包文汉、乔吉《蒙文历史文献概述》（内蒙古人民出版社，1994）第74—77页。

图31 故宫博物院藏清康熙内府蒙文抄本《蒙古源流》书影

古文史书还有《阿萨拉克齐史》、《恒河之流》、《如意宝树》、《金轮千辐》、《水晶鉴》、《水晶念珠》、《黄金数珠》等许多部,大致都是以成吉思汗后裔谱系或佛教传播历史为纲,涉及蒙古社会发展诸方面内容,充分反映了蒙古族史学发展的成绩,也是今天研究蒙古族历史文化的重要资料。

值得一提的是,蒙古族学者汉文著述不少,如乌尔济·法式善著有《清秘述闻》、《槐厅载笔》、《陶庐杂录》等,玛拉特·松筠著有《绥服纪略图诗》、《西招图略》、《西藏图说》等,都有很高的史料价值。

藏族历史悠久,史学传统的形成相当早。元、明时期,有作者署名的史学著作已经大批出现,其内容大体包括王统世系史、贵族家族史、宗教发展史、人物传记几大类。到清代,藏族史学发展得更为成熟。五世达赖阿旺罗桑嘉错(1617—1682)撰写的《西藏王臣记》,对以往藏族史学著作以宗教内容为主线的模式有所突破,详于政而略于教,系统全面地叙述了自吐蕃松赞干布建立政权至明清之际蒙古顾实汗进藏共约一千年的历史。才仁旺阶(1697—1794)

图 32 《钦定满洲源流考》书影

所著的《颇罗鼐传》、丹增班觉(1760—?)所著的《多仁班智达传》则是出色的人物传记和贵族家传作品。

建立清朝的满族是以女真人为主体,吸收蒙、汉等族成员,于明朝末年形成的新的民族共同体。①在清太祖努尔哈赤等人的倡导下,在蒙古字合女真语音的基础上,额尔德尼创造了满文。这极大地促进了满族文化的发展。满族入关,定居中原,为了适应新的环境与形势,一方面继续保持本民族的文化传统,另一方面又吸收汉族的文化,并在推动民族文化的交流中,发挥了不可替代的作用。雍正在位时,命撰修《八旗通志》,乾隆四年(1739)书成,共253卷,系统记载了满族基本社会组织八旗的演变情况、有关制度和人物事迹。嘉庆时,又补撰《八旗通志二集》356卷。乾隆四十二年(1777)下诏编纂的《满洲源流考》20卷,分部族、疆域、山川、国俗四门,是一部相对简明的满族形成史。此外,《八旗满洲氏族通谱》、《宗室

---

① 参见杨学琛:《清代民族史》,第1页,成都:四川民族出版社,1996年。

王公功绩表传》等书，都是用满、汉两种文字分别编写的。而《满洲实录》着重记述了入关前满族的社会组织八旗制度、政治、经济、文化、民俗等，图文并茂，以满、蒙、汉三种文字对照写成，是历代官修史书中前所未有的新体例。乾、嘉年间，满族上层贵族官员的个人著述也不少。宗室奕赓所撰的《佳梦轩丛著》与宗室昭梿所撰的《啸亭杂录》和《续录》，是记述清朝政治、军事、文化、典章制度和满族风俗仪礼的两部著名笔记。

蒙、满两族这一时期都出现了一些研究本民族语言文字的著作。丹金达格巴编写的《蒙文启蒙诠释》，分析介绍了14世纪初蒙古语文专家搠思吉斡节儿所著《蒙文启蒙》的内容。《蒙文启蒙》今已失传，其基本面貌赖《诠释》一书得以保存。另外，富俊编有《蒙文旨要》，毕力更达赖编有《蒙文授业启蒙》，赛尚阿编有《蒙文总汇》、《蒙文晰义》。雍正八年（1730）刊行的舞格寿平著《清文启蒙》，是一部简明扼要的满语文教科书，后来相继被译为俄文和英文。重要的满语文著作还有《钦定清汉对音字式》、《清语易言》、《清文指要》等，以及大量的满汉文对照词典。

回族基本上是在伊斯兰教的整合作用下形成的。因此回族没有自己单独的语言（大多数人使用汉语），对自身历史文化的体认，主要表现为用汉语撰、译的伊斯兰教教义、教史著作。这方面的代表性著作，最著名的有明末清初南京人王岱舆撰写的《正教真诠》、《清真大学》、《希真正答》，清初云南人马注撰写的《清真指南》，南京人刘智译著的《天方性理》、《天方典礼》、《天方至圣实录》。上述三人与晚清的云南人马德新，并称为回族四大宗教著作家。此外的重要人物及著作，还有明清之际张中撰写的《归真总义》、《四篇要道》，清初赵灿撰写的《经学系传谱》，清中叶金天柱撰写的《清真释疑》等。这些著作，绝大部分都带有一个共同特点，即力图将伊斯兰教教义与中国传统文化相结合，以儒家思想中的一些概念诠释伊斯兰宗教哲学理论。它们不仅丰富了伊斯兰教教义，也对中国传统文化的发展有所贡献。

二 英雄史诗

各少数民族文化中最为发达的部分是文学艺术。其中，民间文艺又是主要内容。少数民族民间文艺的代表作，是规模宏伟、篇幅巨大的《格萨尔王传》、《江格尔》、《玛纳斯》三部英雄史诗，他们被誉为中国的三大史诗，在全世界受到重视。这三部史诗起源很早，但在数百年传唱过程中又不断被充实、加工，因此并非一人一时的作品，而是一个民族几十代人的集体创作。清代大体可以看做是这三部史诗基本定型的时代。

《格萨尔王传》是一部气势磅礴的藏族英雄史诗，大约产生于11世纪前后（一说13世纪），经后人不断加工、增补，至今尚未整理出完整的全本。目前藏文《格萨尔王传》有分章本和分部本两种本子，分部本是在分章本的基础上发展而成的，情节更为庞杂，已发现50多种藏文版本。《格萨尔王传》卷帙浩繁，内容涉及政治、经济、军事、思想等多方面问题，相当全面地反映了古代藏族社会错综复杂的历史画卷。全书以现实主义与浪漫主义相结合的手法，共塑造了约3000个艺术形象。文字以说唱为主，也有散文化的叙述段落。据学者估计,《格萨尔王传》的总量大约有100万行、1000余万字,比印度著名史诗《摩诃婆罗多》长5倍,比《罗摩衍那》长20倍,是目前所知世界上最长的史诗。[①]它不仅在藏族地区流传,也传到蒙古、土、纳西、裕固等民族当中,以及蒙古人民共和国、锡金、不丹等国家。

《格萨尔王传》叙述主人公格萨尔由天神转世人间、经历艰难困苦,成为国王的故事。在很久很久以前,妖魔鬼怪到处肆虐,民不聊生。格萨尔降临人间后降妖除魔,为民除害。其中"北方降魔"、"霍岭大战"、"保卫盐海"、"门岭大战"以及其他一些大小战争构成了这一史诗的主体。通过他不畏强暴与艰险,以惊人的毅力和神奇的力量南征北战,降伏妖魔,抑强扶弱,造福人民的英雄业绩的描绘,热情讴歌了正义战胜邪恶,光明战胜黑暗的伟大斗争。

《格萨尔王传》的艺术性也很强,作品在对几十个邦国部落之间战争的有声有色地描写过程中,塑造了数以百计的人物形象,无论是正面的英雄,还是反面的暴君;无论是男子,还是妇女;无论是老人,还是青年,都刻画得个性鲜明,形象突出。尤其是格萨尔的形象,既有领袖气派,又有刚烈气质,是个能够役使鬼神、支配自然的天神般英雄,给人的印象极深。这里我们举他在征服霍尔时的一段唱词,以见一斑:

　　辛巴梅乳孜你听着,
　　你这无名小辈休夸嘴。

---

① 参阅杨亮才、陶立璠、邓敏文《中国少数民族文学》(人民出版社,1985)第54—58页。潜明兹《中国少数民族英雄史诗》(商务印书馆,1996)第22页则说《格萨尔王传》有200万行。

>你若不认识我是谁,
>我就是雄狮大王格萨尔。
>
>我是降伏敌人来,
>我是消灭霍尔三王来,
>我是搭救王妃珠毛来,
>我是给岭国人报仇来,
>我是和怯尊姑娘成亲来,
>我是取辛巴梅乳孜首级来。
>我的神羽箭,
>百发就百中。
>看我射着玩,
>先不要你命。①

这一段威风凛凛,英气逼人,令人钦敬。

《江格尔》则是蒙古族史诗,它主要在新疆地区的厄鲁特蒙古土尔扈特部落当中流传,也传到蒙古其他部落以及俄罗斯境内的一些地区。其产生时间,一般认为可能早于13世纪。今天所见较为通行的《江格尔》版本,分13章,约10万行,用明清时期厄鲁特地区流行的托忒式蒙古文书写。还有其他一些版本,内容互有异同,但没有完整无缺的定本。《江格尔》每章都有相对完整的情节,可以独立成篇,同时前后各章又互有联系,共同结合成为一个有机整体。它艺术地再现了游牧民族部落战争的历史场景,艺术风格粗犷豪迈,

---

① 此处引文据贵德分章本《格萨尔王传》,第314页,兰州:甘肃人民出版社,1981年。

散发着浓郁的草原生活气息。目前在中国、蒙古、俄罗斯三国搜集到的《江格尔》共有60余部，它以爱国爱家爱人民为主题思想。

《江格尔》一书以虚构的英雄江格尔命名。"江格尔"一词的意思有不同说法，据说在波斯语中是"世界征服者"的意思；在突厥语中是"战胜者"、"孤儿"的意思；在蒙古语中则有"能者"的意思。这部史诗叙述部落首领江格尔、勇士洪古尔等人与邪恶势力战斗并取得胜利的故事，规模宏大、瑰丽多彩。主人公江格尔幼年时，家乡遭到了蟒古斯（魔王）的践踏，父母被害。面对欺凌，江格尔人小胆大，手握黄花戟，身跨枣红马，出征讨敌，建功立业，被宝木巴的百姓推举为圣主江格尔可汗。但蟒古斯不甘失败，经常伺机侵犯宝木巴国。江格尔率领众多勇士，百战不殆，荡平了蟒古斯，保卫了宝木巴，建立了一个富足繁荣的家园。在这里，天从人愿，地随人意，没有风雪灾害，没有痛苦和死亡，禽兽满山、牲畜遍地、水草肥美，是永久的幸福之地。整部史诗充满了理想色彩，通过富于想象力的语言和运用形式灵活、风格自然的游牧民族说唱艺术，塑造出神力非凡、机智勇敢的江格尔等英雄人物形象，表达了人民对美好生活的向往之情。

《玛纳斯》是柯尔克孜族史诗，玛纳斯是柯尔克孜族传说中的著名英雄和首领，是力量、勇敢和智慧的化身。这部史诗叙述了他一家八代领导柯尔克孜族人民反抗异族统治者的掠夺和奴役，为争取自由和幸福而进行斗争的故事。柯尔克孜族在汉代称为坚昆，唐代称为黠戛斯，长期蒙受其他民族的统治，《玛纳斯》间接地反映了这方面的历史。其产生时间众说纷纭，有公元前1世纪、9世纪、10至13世纪、16至18世纪等诸多说法。目前通行的《玛纳斯》是由新疆柯尔克孜族民间诗人尤素普·玛玛依传唱下来的，共八部，20余万行。八部之中每部各有主人公，依次为玛纳斯、玛纳斯之子赛麦台依、孙赛依台克……直至七世孙奇格台依。每一部都可以独立成篇，但内容又前后呼应，共同构成了一部壮阔的史诗。整个作品全为韵文，想象奇特，从头至尾贯彻了反抗奴役、追求幸福的主题，具有强烈的思想和艺术的感染力。不但如此，《玛纳斯》的内容博大全面，涉及了语言、历史、民俗、宗教等多方面的内容，实际上也是一部综合反映柯尔克孜族从古代到近代社会各方面变化的百科全书。

我国各少数民族史诗的数量非常可观，大部分民族都有自己历代相传的史诗，并且往往不止一部。上述三大史诗以外，比较重要的史诗还有维吾尔族的《乌古斯传》、哈萨克族的《阿勒帕米斯》、纳西族的《黑白之战》、傣族的《厘俸》、《粘响》、《相勐》、《兰嘎西贺》等等。对这些史诗的整理、研究，还有待大力加强。

清代少数民族的作家文学同样有很大发展。满族作家纳兰性德（1655—1685）、蒙古族作家梦麟（1728—1758）、法式善（1752—1813）用汉文创作的诗词作品达到了很高的艺术水平。其中纳兰性德的词无论是在历史上，还是在当代读者当中，都享有较高的声誉。

纳兰性德，原名成德，字容若，满洲正黄旗人，是大学士明珠的长子。他自幼聪敏，长于诗词，精于骑射。24岁那年他把自己的词作编辑成集，名之《侧帽集》，后顾贞观刊行他的词时更名为《饮水集》，以后增遗补缺为《纳兰词》，共收词342首。纳兰性德生于清初全盛时代，又是皇帝的近臣。但是在他扈驾出巡中，所写的词作并无征服者的优越感，也无出身于名门的骄气和年少得志的狂傲，他对自然、家乡、人生、爱情，都充满了诚挚与真情。王国维在《人

图33 纳兰性德史迹陈列馆

间词话》中称赞他的词风格自然,"此由初入中原,未染汉人风气,故能真切如此,北宋以来一人而已"。由于纳兰性德曾任康熙皇帝侍卫,多次奉命出塞,身居边塞,奇风异景,边塞荒漠,人烟稀少,孤独难耐,以词寄情。请看他的《长相思》:

山一程,水一程。身向榆关那畔行,夜深千帐灯。风一更,雪一更。聒碎乡心梦不成,故园无此声。

词句真切深挚,情景交融。本来,跟随天子出巡,是一件光宗耀祖之事,但他沉浸在强烈的乡愁,表现了他对生活的独特感受。

又如《金缕曲·赠梁汾》:

德也狂生耳。偶然间,淄尘京国,乌衣门第。有酒惟浇赵州土,谁会成生此意。不信道、遂成知己。青眼高歌俱老去,向樽前、拭尽英雄泪。君不见,月如水。　　共君此夜须沉醉。且由他、蛾眉谣诼,古今同忌。身世悠悠何足问,冷笑置之而已。寻思起、众头翻悔。一日心期千劫在,后身缘、恐结他生里。然重诺,君须记。

这首词,苍凉俊迈、意气纵横,书写了好友间肝胆相照的情义。他轻视自己的荣贵身世,认为"淄尘京国,乌衣门第",得自偶然,不值得炫耀。他更仰慕历史上平原君那种礼贤下士、平交天下的性格。而顾贞观(号梁汾)的理解与信任,令他有知己之感。可惜现实社会充满了损人利己的造谣中伤,这使他有一种对现实的激愤与悲凉感。

清朝用本民族文字进行创作的作家、作品数量也很多。维吾尔族诗人赫尔克提(1634—1724)的长篇叙事诗《爱情与苦恼》,共27章,2000余行,采用象征手法,通过玫瑰、夜莺、晨风的对话,以物寓人,歌颂真挚的爱情,揭露黑暗与残暴,情真意切,具有独特的艺术魅力。阿不都热依木·尼扎里(1776—1848)创作的《热碧亚——赛丁》则是一部写实的爱情叙事诗,反映了维吾尔族人民生活的真实情景。藏族地区流传的《仓央嘉措情歌》一般认为是六世达赖喇嘛仓央嘉措(1683—1706)所作,作者虽然是宗教领袖人物,但他敢于写出人的内心矛盾和对现实生活的理想,突破了宗教对人性的束缚,大胆地向传统势力挑战,表现了诗人巨大的勇气。这些作品不但思想情调积极,而且具有很高的艺术技巧,构思精巧,情感细腻。在结构上,《情歌》采取了谐体民歌的形式,除个别六句、八句外,基本上都是每首四句,每句六个音节，两个音节一停顿，分为三拍。即"四句六言三顿"，节奏响亮，琅琅上口。①晚清蒙古族文学家尹湛纳希（1837—1892）创作的蒙文小说《一层楼》、《泣红亭》，以主人公璞玉与三位少女的爱情故事为线索，反映了19世纪后半期的社会生活，结构严密，情节曲折动人，人物形象生动。尹湛纳希还著有《大元盛世青史演义》，是19世纪蒙古文学最重要的作品。在这部气势恢弘的巨著中，尹湛纳希怀着深厚的民族感情，利用大量的蒙汉文史料和民间传说，叙述成吉思汗的创业故事和大蒙古国早期历史，塑造了蒙古族伟大的民族英雄成吉思汗的高大形象。作者将成吉思汗传奇化、理想化，把他写成了一个战无不胜的神人，也把当时的蒙古军队写成了天下无敌的军队，其目的是想让蒙古人民记住自己祖宗的丰功伟业。该书情节生动，语言精炼隽永又清新通俗，人物形象栩栩如生。

需要补充说明的是，除了以上介绍的几大民族外，其他少数民族同样也有自己灿烂的文学创造。如西南一带的苗、瑶、黎、彝、壮等民族，在清代也都产生了富于特色的文学形式与作品。在这些民族间流行的大量创世神话、民间传说以及民歌，既反映了当地人民的喜怒哀乐，也表现了他们对汉族文化的吸收与发扬。

---

① 《仓央嘉措情歌》由后人辑录成册，数量多少说法不一。较早的拉萨梵式木刻本收57首，赵元任、于道泉所编藏、汉、英对照本收62首，西藏自治区文化局资料室本收66首，1980年青海民族出版社版本收74首。参阅马学良、梁庭望、张公谨《中国少数民族文学史》（中央民族学院出版社，1992）下册第332页。

三 独特的科技

明清以来少数民族在科技方面也取得了独特的成就，出现了一些杰出的科学家。例如明安图就是清代杰出的蒙古族科学家，他在天文、数学和测量三个方面均有重大成就，对清代科学事业的发展作出了突出贡献。

明安图自幼聪颖好学，18岁时被选入钦天监（清政府设立的专门管理和研究天文历法的中央机构，也是培养天文历法人才的学校）学习天文、历象和数学。他学习勤奋、努力，很快成为钦天监的高才生。当时康熙皇帝经常召集一些西方传教士进讲自然科学知识，明安图得以官学生身份入宫听讲。由于他勤奋学习，成绩突出，深得康熙皇帝的赏识。结业后，明安图担任钦天监时宪科五官正，长期从事天文学研究，乾隆二十四年（1759），升任钦天监监正，并曾负责观察天体测量日影的工作。在明安图的诸多研究中，对于后人影响最大的是他的数学研究成果，所著《割圆密率捷法》在我国近代数学发展史上具有里程碑的意义。

同时，明安图还学以致用，在测绘事业方面作出了巨大贡献。康熙年间清廷曾组织了一次大规模的大地测量和绘制全国地图的工作，完成了著名的《皇舆全览图》。但因当时西北准噶尔部贵族的叛乱没有平定，康熙时在西北地区的测量还不完整。乾隆年间在平定了准噶尔部叛乱后，清廷先后两次派人到西北地区继续测量，完成了康熙时未竟的事业。而明安图在乾隆年间的大地测量工作起了重要的作用，是功绩最为突出的人物。他主持的这次测量工作的完成，标志着全国范围天文大地测量工作的完成。当时欧洲各国的大地测量，或未开始,或尚未完成,而我国的这项工作却走在了世界前列。通过实测不仅获得了更为精确的全国大地图,而且还研制了反映最新测绘成果的地球仪、天体仪,这无疑是天文大地测量史上的重要成就。在当时的历史条件下,西北地区舆图测绘及全国版图的确定,对于巩固边疆,维护国家统一和领土完整,有着极其重要的意义。将两次测量的结果载入国家版图并列入国家编订的历书之中颁行,从而进一步明确了清朝对准噶尔和回部地区的主权,其历史作用不可低估。[1]

在少数民族的科技当中,医学的成就也相当突出,而且最具有自身的特点。藏族医学在吐蕃王朝时期开始形成,受到了汉族中医一定的影响。8世纪后期宇妥·云丹贡布所著《四部医典》是藏医最早的经典著作。在藏地佛学当中,医药学属于"五明"中的"医方明",颇受重视。藏医理论认为,人体内包含着三大因素(气、火、水土)、七种物质(乳糜、血、肉、脂、骨、髓、精)和三种排泄物(粪便、尿、汗)。如果这三大因素、七种物质、三种排泄物平衡失调,均可导致疾病。诊断方法与中医较为接近,也包括望、闻、问、切。[2]在生理解剖学、病因病理学等方面,藏医都有独到的成就。

清代藏医学最重要的人物是17世纪后半期的第司·桑杰喜措。他对《四部医典》进行了校对和修订,撰写有《〈四部医典〉释论·蓝琉璃》、《医学概论·仙人喜筵》等书,并且在前一部书的基础上主持编绘了一套79幅医药彩色挂图。这套挂图的内容十分完备,包

---

[1] 参见冯立升:《乾隆时期西北地区的天文大地测量及其意义》,《中国边疆史地研究》1999年第3期。
[2] 参见强巴赤列:《中国的藏医》,第100–120页,北京:中国藏学出版社,1996年。

括了藏医学各方面的基本知识。

19世纪前半期,帝马·丹增彭措在青海东部、南部、西藏东部和四川西部经过近二十年实地调查研究,总结历代本草之精华,广泛收集药物标本,编著了药物学著作《晶珠本草》。《晶珠本草》分上、下两部。上部为歌诀之部,以偈颂体写成,对每种药的功效进行概括论述;下部为解释之部,以叙述文写成,分别对每种药物的产地、性味、功能、用法都有详尽的叙述。全书共载药物2294味,是历代藏医药典籍收载药物数量最多的著作。其中不少药物具有浓厚的民族特色和高原特色,如绿绒蒿、獐芽菜、虎耳草、雪莲花等等,均系藏医所用。这本书对药物的分类方法也比较科学,至今在植物分类学、动物学、天然药物学的分类上仍有其重要的参考价值,在技术水平和科学性方面都达到当时的高峰。

维吾尔族也有自己的传统医学。其基本理论包括土、水、火、空气"四大物质学说"和血津、痰津、胆津、黑胆津"四津体液学说",内服药多用糖浆剂和膏剂,还有熏药、坐药、放血、埋沙等特殊疗法。维吾尔人著《知医书》等就反映了这方面的成就。

蒙古族医学是在蒙古族自身医疗经验总结的基础上,吸收藏医、中医的若干理论而逐渐形成的。清代的蒙医体系已发展得相当完整,出现了不少医著、名医乃至医疗世家。蒙医在外伤和骨科正治方面有较高的治疗水平,还有一些独特的物理疗法。如罨疗,包括冷罨、热罨。冷罨指用冷水或冰装入羊胃肠中冷敷,热罨最初为加热的石块、砂砾热熨,又改用黄油涂于毡上热敷。清代益西班觉所著蒙医学著作《甘露之泉》记载了冷罨十二法和热罨十八法。又如瑟博素浸疗,是将大牲畜杀死后,立即取出胃中刍物进行热敷。皮疗,将杀死的牲畜立刻剥去皮，包裹患者全身或病处。这些疗法都是在草原生活经验的基础上形成的。①

四 民族文化交融

清朝大一统局面下民族区域文化的发展，推动了不同民族文化的互相交融。

从满族来说，自努尔哈齐时起，就曾命著名满族文士达海等人翻译《明会典》、《素书》、《三略》，作为施政用兵的参考。皇太极改设文馆（书房）以后，为了"以历代帝王得失为鉴"，组织专人在达海指导下大规模翻译汉籍。达海生前参予翻译的就有《通鉴》、《六韬》、《孟子》、《大乘经》、《武经》等，又节译辽、金、宋、元四史。内容涵包经、史、军事、宗教，说明满族人所涉猎的汉族书籍已经相当广泛。

清朝入关，满族吸收汉族文化的需要变得更加迫切。清廷特设翻书房于太和殿西廊下，加快了汲取传播汉族文化的步伐。阿什坦与和素父子，是这一时期满族的翻译大家。顺治二年（1645），译《洪武宝训》，以明开国君主朱元璋的训谕作为清朝治国施政的重要依据。顺治七年（1650），清世祖将满文《三国演义》颁赐满洲诸王以下，八旗甲喇章京（参领）以上，当做兵书阅览。康熙时，汉族儒家学说精粹"四书"、"五经"的满译本均已出齐，作为满族人行为规范

---

① 参见蔡志纯、洪用斌、王龙耿：《蒙古族文化》，第180—181页，北京：中国社会科学出版社，1993年。

的楷模。在清廷主持下,大批汉文经史古籍、文学作品被翻译为满文,总数大约达到一千种。①此后,满族人多已习用汉文,不再借助满文读本,大规模的译书工作始告完竣。实际上,满族由于长期与汉族交往,很多满族人早已具备阅读汉籍的能力,据说康熙皇帝就能背诵许多儒家的经典。②

典籍的翻译不仅在满、汉间进行,其他各民族间也同样存在。如汉文的《本草纲目》等就译成了蒙文,从而增加了蒙古医生用药的品种和治疗的经验。明安图还将汉文的《时宪书》定期译成蒙文,由清政府颁布后在蒙古地区使用,丰富了蒙古族的天文历算知识。③至于文学方面的交流,则更加密切。四大古典小说名著《三国演义》、《水浒传》、《西游记》、《红楼梦》不仅被译为满文,还被译成了蒙文。前述尹湛纳希创作的蒙文小说《一层楼》和《泣红亭》,在题材和写作手法上就受到了《红楼梦》很大的影响。卷帙浩繁的藏文大藏经《甘珠尔》和《丹珠尔》也先后被译为满文和蒙文。至于少数民族作家用汉语创作的文学作品,更不计其数,其中涌现出了许多杰出作家。如满族贵族奕赓,借鉴汉族说唱文学,创造了一种新的鼓词《清音子弟书》,在市民阶层中有广泛的影响。

西藏地区的建筑文化艺术有很高的成就。尤其是布达拉宫,集中反映了藏族人民的智慧,也吸收了其他民族,包括汉族的文化成分。整个建筑依山垒砌,群楼重叠,气势雄伟,具有鲜明的藏式建筑特点,其中的壁画题材丰富,瑰丽多姿。而随着喇嘛教传播影响

---

① 参见马祖毅:《中国翻译简史——五四以前部分》(增订版),第304-312页,北京:中国对外翻译出版公司,1998年。
② 参见白晋:《康熙帝传》,《清史资料》第1辑,第218页,北京:中华书局,1980年。
③ 参见:《蒙古族简史》,第308-318页,呼和浩特:内蒙古人民出版社,1985年。

到中原和蒙古，各地也兴建了许多具有藏式建筑特征的寺院。例如北京的雍和宫、承德的外八庙，都融会汉地传统宫殿建筑与藏地宗教建筑两种风格于一身，体现出多元文化的特色。

各民族间的科技交流也比较广泛。在呼和浩特市五塔寺北面砖砌照壁上，保存着一幅石刻的蒙文天文图，其周天度数和纬度用藏文数码标识，文字标注为蒙古文，内容则主要反映汉地天文学的基本概念和理论。内蒙古图书馆馆藏的蒙文写本《天文学》二册，也是蒙古族学者学习、研究汉地天文学的成果。

清朝各民族文化的交融，还比较集中地体现在一些官修的民族文字对照辞书或手册上。清朝政府为巩固多民族统一国家的统治，在撰修官书、律例等书时，十分注意少数民族文字的使用。如历任皇帝实录，都有满、蒙、汉三种文字的稿本。大约在18、19世纪之交成书的《御制五体清文鉴》，是清廷特地撰修的一部满、藏、蒙、维、汉五种语言对照的分类辞书。其正编32卷，收词17052条，补编4卷，收词1619条，共收词18671条。乾隆二十八年（1763）成

图34 故宫博物院藏乾隆六十年武英殿刻本《五体清文鉴》

书的《西域同文志》24卷，汇集了新疆、青海、西藏地区地名、山名、水名、人名等一批专有名词，用满、汉、蒙古、维吾尔、藏文以及托忒式蒙古文共六种文字进行标识。这两部著作对于沟通汉、满、蒙、维、藏诸族的文化交流起到了重要的桥梁作用，在比较语言学方面也有很高的参考价值。

总之，清代是各民族文化蓬勃发展的时期，也是民族文化交流与融合日益密切的时期。在清代统一的国家范围内，中华文明在不同民族的共同努力下，展现了它多姿多彩的格局与面貌。这种文化交流与融合的成果和经验，是值得我们特别珍惜的宝贵财富。

第八章 书声朗朗

明清是中国传统教育史发展的最后一个阶段，也是发展得最完备、最成熟的时期。从教育理念和教育内容的层面看，随着明朝中叶后的时代巨变，教育也发生了重大震荡，启蒙思想的发生促使教育领域呈现出某些新的特点。书院和自由讲学的兴盛，成为中华文明史的一大亮点。中华文明一贯以教育为民族之本。就人而言，以《周易》"蒙以养正"观念为核心的蒙学教育对人性发展的初始阶段进行了系统的培育，中华文明的基本价值观被根植在智慧初开的儿童的心里。就社会而言，融合在社会生活中的教育发挥出前所未有的效力，妇女以及士、农、工、商各个阶层都有相应的社会教育机制，使之得到良好的教育。这些教育比正统的学校教育更灵活多样,也更多地体现出特殊的价值和时代精神。

一 从国子监到书院

明朝建立伊始,太祖皇帝就非常重视学校教育,把由国家掌管的学校教育在唐、宋、元各代的基础上进一步加以完善。明初所确立的学校教育制度一直为明清两代沿用,在整个中国古代教育中最为完备。

明初所确立的学校教育体制,分为中央国学、地方儒学及社学三级。中央国学即国子监,是学校体系中的最高学府。当时的南京国子监规模宏伟,有教宫、藏书楼、学生住所等两千余间,"延袤十里,灯火相辉",人数最多时达到八千余人。永乐元年(1403),北京设立北京国子监,由此明代国学有南监、北监两所。明朝的文教兴盛之名播于海外,高丽、日本、琉球、暹罗等国都派遣留学生入国子监学习。

洪武初年,国子监的学生主要以公侯子弟和品官子弟为主,称为官生,民间选拔的俊秀为辅,称为民生。此后不久,由于地方儒学不断向国子监输送优秀学生,即贡生,而贡生主要是民间俊秀,因此国子监中的民生比例逐渐增加,成为国子监学生组成的主体。国子监负责为国家培养和输送人才,与科举制度并行,且优于科举。明初,官吏的任用很多是从学校中直接选拔的。宣德以后,国子监逐步与科举制接轨,大多数国子监生也要参加科举考试,使国子监变

图35 北京国子监牌坊

成了科举的储才之地。

清代国子监虽然总体上还保持了明代的制度,但规模有所扩大,并出现了一些新的机构,如附设算学馆、俄罗斯馆、八旗官学等,都是适应社会需求的办学举措。从学习内容上看,清代国子监规定仍以"四书"、"五经"等为主,兼及"十三经"、"二十一史",不过,也要学习大清诏、诰、表和策论、判等。后来,又实行经义、治事分斋教学。在治事中,学习有关赋役、律令、边防、水利、天官、河渠、算法等具有实用性质的知识。

明洪武初年,太祖还下令地方办学,各府、州、县及各司均要设儒学,边疆和特殊地区设卫学,儒学之下还可以附设武学、医学、阴阳学等专门学校。地方儒学所培养的人才,可以被选送到国子监深造,也可以直接参加科举考试,所以既与学校体制衔接,又可相对独立。地方儒学的另一个重要教育目标是教化风俗,学校负有教化民间的责任,通过学校的表率作用,对社会人心产生积极的影响。明清两朝均在学校内立卧碑,上面刻有卧碑文,体现了学生的道德要求。如清代的卧碑文有八条:

第一，生员之家，父母贤智者，子当受教；父母愚鲁或有非为者，子既读书明理，当再三恳告，使父母不陷于危亡。

第二，生员须立志求学，必为忠臣清官。务须互相讲究书史所载之忠清事迹，凡利国爱国之事，当多加留心注意。

第三，生员居心忠厚正直，读书方有实用，出仕必作良吏。如果心术不正，读书必无甚成就，为官必取祸患，行害人之事者，多自杀其事，常宜思省。

第四，生员不可干求官长，交结势要，希图进身。心善德全，上天自知，必赐以福。

第五，生员当受身忍性，不可轻入官司衙门。即使涉及自己之事，止许家人代告，自不许干预他人词讼，他人自不许牵连生员作证出庭。

第六，生员须尊敬师长。若讲说皆须诚心听受，倘有模糊，从容再问，不得妄行辨难。当然，教师亦应尽心教训，勿致怠惰。

第七，军民一切利病，生员不得上书陈言，如有一言建白，以违制论，黜革治罪。

第八，不许生员纠党多人，立盟结社，把持官府，武断乡曲。所作文字，不得妄行刊刻，违者听提调官治罪。①

这一卧碑文对学生在校、在家、在社会等各种场合下的行为规范和道德责任作了严格的规定，目的是使学校成为地方乡里的风尚示范

---

① 《学校考七》，《皇朝文献通考》卷69，《四库全书》史部政书类。

图36 《康熙帝南巡图卷·江南贡院》

中心,并由此辐射影响至整个社会。

在地方儒学之下,从明初开始还广泛设立了社学,作为官学教育的最低一级,专门教育十五岁以下的民间幼童。从社学到儒学,再到国子监,这样一个三级的教育体制,构成了一个庞大的教育网络,在全国铺开,从而使明代的教育比此前任何朝代都要普及,而清代学校仍沿明制,进一步确立了以府州县学和国学为主干的教育体系。

不过,由于从明初开始,学校教育中即以程朱理学为准绳,非"五经"、"四书"不读,非濂、洛、关、闽之学不讲。明成祖颁降了《四书大全》、《五经大全》、《性理大全》等书,清代也颁降《朱子全书》、《性理精义》等书。整个明清时期,程朱理学——被认可为国家的统治意识形态的官学化了的程朱理学——是学校教育中的唯一学术。程朱理学的专制化,压制了整个思想的进步。学校教育从始至终都僵守着旧的程朱教条,新思想只能在学校外传播,因此明中叶以后学校教育也呈现出衰弊之象。

与此形成对照的是讲学书院从明中叶起开始勃兴。书院兴起的一个重要原因是救官学教育之衰弊,其最大的特点是自由讲学,而不是为了科举。从教育史的角度看,兴起于宋代的书院,本来是不同于学校的私学,直到清代才开始部分地官学化。尽管在后来的发展中,书院也分化成讲学、藏书、祭祀多种功能形式,甚至出现了专为科举的书院,但是,书院最本质的特征是自由讲学,它是历代学者传播思想、昌明学术之地,是新思想、新学术的孕育和诞生之地。

　　明中叶书院的兴起是与王阳明创立心学以及阳明弟子传播心学的努力分不开的。王阳明讲学二十二年,所到之处开设书院,宣讲他的"致良知"思想。由王阳明亲手所建的书院有龙冈书院、贵阳书院、濂溪书院、稽山书院、敷文书院等多所,特别是在江浙两广间,追随者很多,书院建得也多。

　　在万历至天启初年这段时期,出现了著名的东林书院和首善书院,顾宪成、高攀龙等讲学于东林,邹元标、冯从吾等讲学于首善,他们将书院讲学与政治清议相结合,使书院讲学具有了浓厚的政治色彩,培育出了士大夫不顾现实利害,坚持公道正义的精神,如黄宗羲所说:"一堂师友,冷风热血,洗涤乾坤。"① 与此同时,各地的讲学书院促成了明末早期启蒙思想的出现和发展。

　　清朝建立后,鉴于明末生徒"聚众结社、纠党生事"的历史教训,对书院一度采取了抑制政策。顺治十四年(1657),随着衡阳石鼓书院获准恢复,书院再次得到迅猛发展。但前期仍以八股为主,重在为科举作准备,研讨学术的风气相当淡漠。不过,至清朝乾嘉时

---

① 《东林学案一》,《明儒学案》卷58,第1375页,北京:中华书局,1985年。

图37 清乾隆五年重建的东林书院石牌坊

期,书院出现了一些变化,一些新的学术也在书院讲学中逐渐萌生,不少书院开始以讲授经史为主,甚至出现以经史为主业的专门书院,其代表即是阮元所创办的诂经精舍和学海堂。诂经精舍建在杭州的西湖孤山,学海堂建在广州的粤秀山。这两个书院都是官办,选拔浙江、广东的高才生入学,但不以科举考试为目的,而是在当时专擅经史的名师的指导下自由钻研学问。鼓励学生自由钻研学问是这两所书院在教育上最突出的特点。在这两所书院近百年的历史中,通过自由钻研,在经史方面的学术人才层出不穷。尤其值得注意的是,学海堂还引进了一些西方科学知识,在当时可以说是得风气之先的。

不过,从总体来说,明清的学校在传播自然科学方面还有明显的欠缺。这当然不只是明清两代的问题,例如在学校中设立算学,本是隋唐以来的传统，但自宋朝以后即告中断，元明两代都不重视算学，其直接后果即是天文、历法上渐至落后。清康熙皇帝在中西两学之间实事求是的开明精神，促进了清代算学研究的重兴。康熙五十二年（1713），正式成立了算学馆，隶属钦天监。后来经雍正、乾隆两朝发展，算学馆逐渐扩大，改隶国子监，称国子监算学。清代算学教育的发展，是清代科技教育最突出的一个闪光点，只可惜这方面的教学内容还是太少了。

二 蒙学教育

中国古代的蒙学传统，可以追溯到先秦时代，源远流长。至明清时期，蒙学教育非常兴盛，在教育体制、教育内容和教育观念等方面都达到了前所未有的局面。

明代官办的蒙学教育主要是社学。社学始于元代民间，至明初由国家正式设置。洪武八年（1375）正月，明太祖命天下立社学，各府、州、县的城乡，都要设立社学。此后，社学虽有起伏，但一直持续发展。清代初期的官办蒙学教育主要承袭明代社学，在康、雍、乾时期，又大力发展义学，逐步取代了社学，成为官办蒙学教育的主体。义学早在宋代就已经出现过，原来是专为宗族内部的贫寒子弟设立的。清代义学的设立，一开始着眼于下层的穷苦阶层，主要是为无力受教育的孩子提供无偿的教育。义学教育最先是在京畿满族和西南少数民族中推行，康熙时正式向全国推广，经过长期发展，清朝的义学遍及全国，形成一个新的蒙学教育网络。从原则上说，无论是社学还是义学，都是本着为天下所有儿童提供同等的教育的精神而开办的，它的宗旨是不论贫富贵贱，不论人品才智的高下，一律给予义务的教育。

蒙学教育的私学形式是私塾。私塾是自先秦时开始，一直沿革下来的蒙学教育的方式。明清时的私塾大体分为三种：一是"教馆"或"坐馆"，是富裕人家在家设学，延请塾师，教导子弟；二是"门馆"或"家塾"，是由塾师设学，招收学生；三是"村塾"或"族塾"，是一村或一族统一延师设学，村中或族中子弟都可以来上学。私塾是非常常见的蒙学教育，也最有中国传统特色。在很多私塾中，师生长期地生活在一起，蒙师不仅向学童传授知识，其一言一行也潜移默化地影响着学童的成长。中国古代教育最重视言传身教，这一点在私塾教育上体现得最充分。

明清蒙学教育的主要内容包括三个方面，即识字教育、知识教育和道德教育。在实施这些教育的过程中，明清蒙学表现出很高的创造性，并形成了一种优良的传统。

图38 晚清公立性质的寺庙义塾

识字教育对于几千年来一直使用汉字的中国来说，有重要意义。从先秦时代开始，识字就是蒙学教育的主要内容。经过长期发展，到了宋以后，特别是明清时期，识字教育逐渐形成一个以《三字经》、《百家姓》、《千字文》为主的稳定系统，凡学童识字，都从《三》、《百》、《千》入手，集中识字，三者加起来大约有两千余个生字，正好符合明清蒙学在识字上的基本要求。教学童识字有很多方法，三四岁的学前儿童可以用卡片识字，方法是将《千字文》等书上的字写到一寸见方的小木板上，让孩子边识字，边玩耍，并用识出的字凑成句子，灵活性很大，非常有成效。

六七岁入学后的儿童通常采用汉代以来传统的六书识字法，按象形、指事、会意、形声、转注、假借六种汉字构成原则来识字，这种方法符合汉字规律，记得牢且能准确、扎实地理解字义。比如清代王筠就极力提倡按六书识字，他专为学童识字而编辑了《文字蒙求》一书。他挑选出能充分体现文字规律的两千余个基本汉字，分成象形、指事、会意、形声四大类，照顾到儿童识别形象能力一般早于抽象思维能力的心理发展特点，先教象形、指事等能够从字形上看出字义的纯体字，再教会意、形声等在纯体字基础上变化出的同体字，先易后难，执简御繁。中国的汉字系统具有丰富的文化内涵，而古代蒙学即把识字视为一种基础的文化教育，六书识字法尤其体现出对汉语的源初意义的把握，这一点比之今天的幼儿教育中只把识字看做一种工具学习在教育效果上不可同日而语，是今天的教育还应当借鉴的。

除了识字，背书是知识教育的一个基本功。成功的蒙学教育并不要求死记硬背，而是先把要背的书讲通、诵熟。讲书有很多技巧，好的蒙师能在讲书中启学童之疑，然后由疑而悟，开动脑筋，学思结合；还能把书上的道理一一联系到日常生活中，让学童能就近取譬，有所体会。

在讲书之后，再要求诵读。蒙学教育中非常重视诵读，无论诗文，都要朗朗上口。诵读要求"读得字字响亮"，"勿高、勿低、勿疾、勿速"，"不可兴至而如骂詈、如蛙鸣，兴衰而如蚕吟、如蝇鸣"。①诵读在儿童教育中很有意义，一般说，诵读的意义是在辅助记忆，所谓"自然上口，久远不忘"，这是其一；更重要的是一种美学上的意义，中国文学的体裁本身具有音律性，不经诵读无以体会其中的音律之美。诵读也能使人加深对意义的理解，古人常说涵咏多遍，其意自见，在声声诵读中会自然地浮现出一种气象。诵读的意义不仅在蒙学中体现，即使是成人的教育中也总是要诵读的。

诵读之后才是背书。学童背书有初背、带背、抽背、通背等几个环节，一套下来要让所背之书烂熟于胸，随时都可以将需要的辞句诵出。按明清时的观念，人的成长发育，15岁是个分界点，此前是儿童时期，多记性，少悟性，最适合背诵，"凡人当读书，皆当自十五岁之前，使之熟读"②。在今天看来，15岁这一分界点确定得未必准确，但说儿童时期适合背诵，基本符合心理学的规律。背诵不一定是掌握任何知识都必要的学习手段，但在掌握传统文化这一特殊领域，是非常必要的。一种传统文化，总要有其最基本的经典，这些经典要用最牢固的记忆方式把它记忆下来。通过蒙学教育，

---

① 崔学古：《幼训》，《檀几丛书二集》第二帧。
② 陆世仪：《论小学》，《思辨录辑要》前辑卷1，《陆桴亭先生遗书》，光绪二十五年太仓唐受祺京师刊本。

学童逐步背诵"五经"、"四书"等中国传统文化的经典，这会使他们终身受益。

识字与背书之外，教学童属对也是一个极有意义的传统知识教育，它是学童日后作诗作文的基础，因为属对是基于汉语的音律特性而生，所以它也是一种基本的语言艺术化的教育。教学童属对一般按循序渐进的原则，从一字对，到二字、三字、五字、七字、九字。属对就像一种语言创造游戏，将丰富的语言和文化内容纳入其中。从形式上看，属对要求成对的两方在平仄、词性、结构、修辞、逻辑等各方面都相同；从内容看，属对涉及古今人物、历史、诗文、风物、典故等非常丰富的内容，小小一副对子实际上是中国文化的凝缩。李渔的《笠翁对韵》是流传较广的一种声律启蒙教材。全书依照韵部编成歌诀，易学好记，朗朗上口，如"一东"是这样的：

> 天对地，雨对风。大陆对长空。山花对海树，赤日对苍穹。雷隐隐，雾蒙蒙。日下对天中。风高秋月白，雨霁晚霞红。牛女二星河左右，参商两曜斗西东。十月塞边，飒飒寒霜惊戍旅；三冬江上，漫漫朔雪冷鱼翁。
>
> 河对汉，绿对红。雨伯对雷公。烟楼对雪洞，月殿对天宫。云叆叇，日曈朦。腊屐对渔蓬。过天星似箭，吐魄月如弓。驿旅客逢梅子雨，池亭人挹荷花风。茅店村前，皓月坠林鸡唱韵；板桥路上，青霜锁道马行踪。
>
> 山对海，华对嵩。四岳对三公。宫花对禁柳，塞雁对江龙。清暑殿，广寒宫。拾翠对题红。庄周梦化蝶，吕望兆飞熊。北牖当风停夏扇，南帘曝日省冬烘。鹤舞楼头，

玉笛弄残仙子月；凤翔台上，紫箫吹断美人风。

这些对句各自独立，既显示出汉语对偶的精巧特性，也有很强的可读性。

在蒙学中的道德教育方面，教学童习礼是很值得重视的一项教育内容。习礼主要包括在学校中所行的祀孔礼、拜师礼，以及日常生活中所行的对父母、长辈之礼，使学童在揖让周旋之中逐步养成良好的举止。从道德教育的角度说，教学童习礼，能够促使学童在生活中自发地萌生道德感，并且一开始就融合在行为举止之中，就像根植在土。这种道德感只能在儿童时养成，在此后的整个人生中都会不自觉地发挥作用，比灌输在头脑中的道德教条要宝贵得多。

明清蒙学教育表现出很深厚的人文意蕴，这是与宋代以来理学家与士大夫重视蒙学，在蒙学上投入巨大心力是分不开的。尽管蒙学是最初级的教育，但古代至宋明时期的思想精华几乎都凝聚于其中，包含了中国传统文化的基本价值观念。《周易·象传》中所说的"蒙以养正"，是蒙学传统一贯的核心，也是蒙学最高的教育理念。所谓"蒙以养正"是讲从人的先天根基开始，通过启蒙教育，使之逐步趋成于圣人的人格和境界，奠定一生发展的道德与文化基础。中国古代的蒙学从一开始就是一种以人为本的教育，它的目标是一种全面地体现真、善、美的君子理想。

从各类蒙学教材看，涉及的范围非也常广，哲学、歌诗、历史、名物、数学无所不包。例如在流行的蒙求类的蒙学书中，有唐李翰的《蒙求》，专讲名物典故；宋胡继宗的《书言故事》，专讲典故成语；元虞韶的《日记故事》，专讲历史人物；宋王令的《十七史蒙求》、元陈栎的《历代蒙求》，则是讲历史的世系与事迹。明清时期流行最广的则有萧良友所编的《龙文鞭影》和清人邹圣脉在明人程登吉所编《幼学须知》基础上增补、注释而成的《幼学故事琼林》等。

《幼学故事琼林》可以说是一部儿童百科全书，分天文、地舆、岁时、朝廷、文臣、武职、祖孙父子、兄弟、夫妇、师生、朋友宾客、婚姻、妇女、身体、衣服、人事、饮食、宫室、器用、科第、制作、技艺、讼狱等等三十多类。此书不仅内容丰富，而且编排巧妙，善于将具体知识与语文表达结合起来，并以常用的词汇典故为中心，使儿童在诵读之间掌握汉语的文化修养。如在涉及人体器官时，书中就有"好生议论，曰摇唇鼓舌；共话衷肠，曰促膝谈心"，"怒发冲冠，蔺相如之英气勃勃"，"口有蜜而腹有剑，李林甫之为人"，"岂为五斗米遽折腰，帮陶令愿归故里"等通俗易懂的句子，既包含器官名词，又是常用的成语、典故。书中还有很多格言警句，时而灌输基本知识，时而激励儿童志向，时而启发他们思考，面面俱到，有很强的感染力。

另外，蒙学读物中非常流行的还有许多诗文类的选本，如《千家诗》、《唐诗三百首》、《古文观止》等，这些书为无数的学童提供了理想的文学审美的启蒙。

三 妇女教育

在明清以来的小说戏曲中，经常可以看到女扮男装与男性同学的描写，如《二刻拍案惊奇》里有一篇《同窗友认假作真　女秀才移花接木》,其中的闻蜚娥就是如此。《牡丹亭》中也有一出著名的《闺塾》,表现了女子受教育的情形。不过,杜丽娘是太守的宝贝女儿,不同于一般人家的女孩子。就是在《红楼梦》中,贾母在回答林黛玉问贾府姊妹们读何书时,也说女孩子"读什么书,不过认几个字罢了"!这很典型地反映了社会对女性的教育态度。所以,上面介绍的学校教育,女性一直是被排斥在外的。

但是,无论从社会还是从家庭的角度来说,女性的教育都是必要的。因此,在社会教育的范围内,女性教育还是相当普遍的。所谓社会教育,即是融合在社会生活中的教育,包括妇女教育、官箴书、乡约、善书等方面,这也可以说是明清教育史上取得很大成就的例证。

明清的女性教育较之前代有长足的进步。自汉代班昭作《女诫》,女性教育即围绕着"妇德"、"妇言"、"妇容"、"妇功"所谓"四德"进行,与占据主流地位的学校教育一样,以塑造女性道德人格为主要旨归。在班昭《女诫》之后,关于女性教育的著作代代出现,其中以唐代宋若华、宋若昭所作的《女论语》、明代仁孝文皇后所作的《内训》、清初王相之母所作的《女范》(或称《女范捷录》)最为著明,它们都是出于女性作者之手,在社会上流传广泛。后来王相将《女诫》、《女论语》、《内训》、《女范》四书编辑在一起,称为"女四书",在当时的女性教育中发挥了巨大的影响。

明代的女性教育以明初仁孝文皇后之《内训》兆其端。[①]《内训》是仁孝文皇后专为"女教"而作的,所谓"女教"也就是道德人格教育,其核心是女性应该秉持的最基本的"德性",这种女性的"德性"

---

① 《内训》1卷,《四库全书》子部儒家类。

可以用"贞静幽闲,端庄诚一"来描述,这是中国传统女性的优秀人格的标准。从"德性"推广,还有"修身"、"谨严"、"谨行"、"勤励"、"警戒"、"节俭"、"积善"、"迁善"、"景贤范"、"事父母"、"事姑舅"、"母仪"、"睦亲"、"慈幼"等等众多条目,对女性日常生活中的行为进行了细致的规范,其中对中国传统女性所具有的很多优良品质,如孝敬父母、勤俭持家、和睦家庭、慈养儿女等进行了弘扬。

明中叶之后,出现了一部著名的女性教育著作,即吕坤所作的《闺范》。①吕坤的这部著作体例新颖,前列嘉言,采择孔子及历代圣贤语录,后载善行,把历代列女事迹罗列辅证,还绘制了图像,使图文并茂,最后则加上自己的论赞。这部书的内容针对性强,也很具体,其论女性,细分出女子之道、夫妇之道、妇人之道、母道、姊妹之道、妯娣之道、姑嫂之道等等,其中固然有很多封建礼教观念,但也有对中国传统女性优秀道德的阐扬。比如吕坤论"母道",按为人之母的种种特征分为:礼母,即"教子以礼,正家以礼者也";正母,即"望子以正者也,无儿女之情,惟道义是责";仁母,即"以慈祥教子者也,一念阴德,及于万姓";公母,即"责子而不责人者也";廉母,即"以贪戒子者也";严母,即"威克厥爱者也";智母,即"达于利害之故者也";慈继母,即"恩及前子者也";慈乳母,即"乳母保他人子也,只以受人之托,遂尽亲之情"。

在明代,"女子无才便是德"的观念非常流行,影响到女性教育上,导致很多家庭不教女子读书识字。与此同时,很多有识之士批判这种现象,如启蒙思想大师李贽,对女性给予了前所未有的褒扬,他说:"谓人有男女则可,谓见有男女岂可乎?谓见有长短则可,谓

---

① 《吕新吾先生闺范图说》4卷,《吕新吾全集》,明万历中刊清同治光绪间修补印本。

男子之见尽长，女人之见尽短，又岂可乎？"①在他编辑的《初潭集》中，从《世说》、《类林》等书中撷取了很多古代才女故事，对这些才女大加称赞，说她们是"才智过人，识见绝甚"，"李温陵长者叹曰：'是真男子，是真男子！'已而又叹曰：'男子不如也'"②，在才智上肯定女性与男性具有平等地位。清陈宏谋也说："天下无不可教之人，亦无可以不教之人，而岂独遗于女子耶？"③

事实上，与"女子无才便是德"的蒙昧观念相反，明清的女性教育是非常发达的，特别是明中叶之后，女性人才层出不穷。

一般来说，明清士大夫家庭的女性都能得到很好的教育，因为女性没有举业负担，故而把才华多发挥在文艺上，多擅长诗歌与琴棋书画。明清时期出身于士大夫家庭的著名才女很多。如叶绍袁之妻沈宜修长于诗词，三女昭齐、蕙绸、琼章，皆有文才，使沈氏以一门才女闻名于世。康熙时大学士蒋廷锡家也以多才女著称，其妹蒋季锡自幼研习画艺，其花鸟画巧妙地吸收了西洋技法，追求工整细致、写实逼真的审美意趣。

一个很值得注意的社会现象是明末清初江南的歌伎因为生存的需要，也争取到很好的教育。江南名妓中马湘兰、李香君、柳如是、顾横波、薛素素等人，都精通琴棋书画，诗词唱和，有的还能创作传奇。

明清时代的女性教育不仅局限在家庭，女性也可以有社会交往，甚至可以追随著名学者学习。李贽讲学有女弟子，在当时还算惊世

---

① 《答以女人学道为见短书》，《焚书》卷2，《李贽文集》，第82页，北京：燕山出版社，1998年。
② 《初潭集》卷2，《夫妇》"才智"，《李贽文集》，第25页。
③ 《教女遗规序》卷3，《四部备要》子部儒家类。

骇俗，而清代袁枚、陈文述招收女弟子，却已是风流雅事。袁枚曾接受大批女弟子，并亲自编选了一部《随园女弟子诗》，收录了席佩兰、骆绮兰、金逸等二十八位女弟子的优秀诗作。在他的《随园诗话》中，也选录品评了许多才女的佳作警句。陈文述门下也有很多女弟子，在《西泠闺咏》序中，有这样的说明：

> 自瑟婵、仲兰先后授业，而江左女士皈依者众。词章之外，兼擅丹青。若吴飞卿之精医理，娴技击；张云裳之善骑射；陈妙云能汉人隶书，作径尺大字；吴苹香精音律，能拊琴擘阮；陈秀生工晋人楷书，黄耕畹、顾螺峰精于鉴古，皆未易才。若张凤卿、钱莲因、吕静仙、范湘馨、曹小琴、吴飞容、孙芙裳、于蕊生、史琴仙、华芸卿、黄兰卿、蕙卿，春兰秋菊，各擅其胜，咸以书画为贽。

可见当时才女济济、桃李争妍的情景。①

不过，上述女性教育无论在内容上，还是在形式上，都有很大的局限。女性接受正规的教育，是在近代以后的事。

四 善书种种

除了女性教育，以道德为中心的社会教育还通过其他形式在各

---

① 钟慧玲：《陈文述与碧城仙馆女弟子的文学活动》，载张宏生编：《明清文学与性别研究》，第763页，南京：江苏古籍出版社，2002年。

阶层有针对性地展开。

明清时期大量传播的善书也属于广义的社会教育的一部分。善书又称劝善书,是由儒、道、释三教中衍生出来的,对士大夫以及普通民众进行道德教化的小册子。这些小册子从基本性质来说,都借用了宗教的因果报应说,而旨归则在实现人的性善。

善书是从宋代开始出现的。南宋隆兴前后,李石撰写了《太上感应篇》,嗣后一直被视为善书的第一经典。在此后又出现了《文昌帝君阴骘文》和《关圣帝君觉世真经》,二者与《太上感应篇》合称"三圣经",是善书中最为流行的。善书从出现时就表现出一种特性,比如三教合一,就拿"三圣经"说,《感应篇》道教色彩较浓,《阴骘文》佛教色彩多些,《觉世经》儒教色彩最重。无论儒、道、释,其内容都是以伦理道德为主,具有一定的宗教性,而更多地是世俗性,它们是宗教逐步走向民间化的产物。

善书的一个很重要的特点是附有功过格。功过格本来是单独出现的,最早的功过格是金大定十一年(1171)的《太微仙君功过格》,它按善事的大小分别记功,又按恶事的大小分别记过,功过都逐日记载在一个特制的表格中。这种功过格的特点是将功、过都量化处理,是对中国传统中累积功德观念的具体化。

明代影响最大的善书是袁黄所作的《了凡四训》,清初张履祥曾说:"袁黄功过格,竟为近世士人之圣书。"[①]它包括"立命之学"、"改过之法"、"积善之方"、"谦德之效"四篇,同时可以配合着功过格使用。[②]

[①]《与何商隐》,《杨园先生文集》,《重订杨园张先生全集》,同治十年(1871)江苏书局刊本。
[②]《了凡四训》,《民间劝善书》,上海:上海古籍出版社,1995年。

《了凡四训》的核心思想是"命由己立"。袁黄"立命"说因为是以因果报应为前提，故在天人之间有很大的妥协性，这种妥协的效果是天对人的善行一定会有所酬劳，这种酬劳师相当现实化，生子、登科、富贵、平安等等都可以向天祈求，然后通过积善以换取天的赐福。

同时，明清时期官箴也非常盛行。所谓官箴，本是以箴规体写作的一些关于为官准则的格言，它主要是从传统道德出发，对为官者的言行加以警戒。明清时的官箴在内容上有很大的扩展，有些官箴是将古今兴亡的教训与历代为官者的经验汇成一编，或者结合不同职能的官吏为政的具体情况，讲明为官的要领和原则。

从为官者的政治理念的角度说，明清政治逐渐表现出从道德至上向理性治理的变化倾向，官箴书的流行，突出并推动了这种变化。从官箴书中可以看出，官吏队伍中出现了新的价值观，这种新的价值观不仅继承传统的道德要求，特别是"清"、"慎"、"勤"三大原则，而且要求在实际治理过程中能体现明智的决策、合理的兴除、上下之条畅、富国富民的成效，以期通过政治的纯熟和效率得到朝廷的嘉奖和其他官员的尊重。就这一点说，官箴书不仅是传统的对官吏进行约束的道德原则，同时具有反映时代发展的政治哲学的意义。

明清乡村的社会教育主要是通过乡约来进行的。所谓乡约是乡村为了御敌卫乡、劝善惩恶、保护山林、应付差役等公共目的依地缘或宗族关系而组织起来的民众组织。作为一种社会组织形态，它的构成和变化都很复杂。与乡村的社会教育有关的是乡约的教化职能，在明清时期这种职能发挥得尤其突出。

明清的乡约中都包含乡民共同制订、共同遵守的道德行为与互助互劝得规条。北宋吕大钧首创的《蓝田吕氏乡约》是明清时制订乡约的样板，其中所说的"德业相劝，过失相规，礼俗相交，患难相恤"成了后世乡约的基本宗旨。明代中叶乡约的重新兴起是由于王阳明、黄佐等士大夫的提倡。

正德时王阳明巡抚江西，鉴于南赣地区位于民乱聚会之地，遂加力整治。在一系列整治措施中，立社学、举乡约是着眼于教育的治本之策。王阳明亲自制定了《南赣乡约》，目的是要改变民风乡俗，"自今凡尔同约之民，皆宜孝尔父母，敬尔兄长，教训尔子孙，和顺尔乡里，死伤相助，患难相恤，善相劝勉，恶相告戒，息讼罢争，讲信修睦，务为良善之民，共成仁厚之俗"①。这一措施成效显著，王阳明的《南赣乡约》也广为流传，为很多地方的乡约组织沿用。

乡村中广泛流行的乡约，以及士大夫的乡约著作的出现，表明明代中叶以后乡村的社会教育已逐步深入到中国社会的最基层。明清时朝廷也利用乡约进行统治意识形态的灌输和宣传，其主要形式即是在乡村中定期集会，称之为讲约会，宣讲皇帝为教化乡里而特别颁布的圣谕。清代的讲约会则宣讲康熙皇帝的《上谕十六条》："敦孝弟以重人伦，笃宗族以昭雍睦，和乡党以息争讼，重农桑以足衣食，尚节俭以惜财用，黜异端以崇正学，讲法律以儆愚顽，明礼让以厚风俗，务本业以定民志，训子弟以禁非为，息诬告以全良善，诫窝逃以免株连，完钱粮以省催科，联保甲以弭盗贼，解仇忿以重身命。"

讲约会一般在每月的朔望日在文庙或祠堂等地举行。讲约会的礼节十分隆重，讲约的会所摆放香案，乡人按年齿分前后次序坐好，

---

① 《南赣乡约》，《王阳明全集》，第600页。

宣讲圣谕的过程中，要有行礼、钟鼓、唱诗等等礼仪。最后还要对照圣谕，评论乡人善恶，分别书入善、恶二薄中。这种宣讲圣谕的讲约会，初期有很强的社会教育作用，但逐渐地流于形式，乃至成为一种乡村娱乐的形式，在一些讲约会上，严肃的圣谕是由民间艺人以说唱的方式来宣讲的。

　　无论是劝善书、官箴书、讲乡约，还是其他多种多样的社会教育形式，都是一种社会自身的教育职能的发挥。从明中叶后的历史来看，社会教育并非仅是从国家意识形态的角度来教育社会，很大程度上是社会出于自身的需要而衍生出来的自我调控的机制，而社会中精英士人积极地参与和推动社会教育，从而将之引导到良性发展的轨道上。社会教育的共同的特点是从实际出发，比之渐趋僵化的学校教育更灵活且富有成效，与学校教育构成了良好的互补、互动的协调关系。

第九章 香烟燎绕

明代中叶后,除了基督教的传入在中国人的宗教信仰中增加了新的内容外,传统宗教发展的突出特点是多元融合,儒、道、释都在达到其发展的巅峰之后开始逐渐衰落,三教合一思潮成为一种时代精神。而藏传佛教也达到了它的发展高峰,在中国流传的伊斯兰教则开始了本土化,从而与本土的其他宗教和谐相处,儒、道、释、伊四教并列的新格局逐步形成。与此同时,民间宗教广泛兴起,各种民间信仰也极为流行,以城隍、关帝、碧霞元君、妈祖等为代表的民间信仰构成了明清时期独特的宗教与民俗风景。

一 辉煌的坛庙

中国自古以来就存在以上天崇拜、祖先崇拜和社稷崇拜为中心，并辅以日月、山川、先师、先农、贤良及其他鬼神的崇拜，这一驳杂的宗教信仰体系对古代的社会生活，有着不容低估的巨大影响。明清两代，这一宗教信仰体系更加完备，也更加制度化。

在北京，有过很多气势辉煌的坛庙，它们曾经是明清国家宗教祭祀的重要场所。

国家的宗教祭祀隶属于传统礼制，历代王朝都非常重视，按《左传》"成公十三年"中的说法，"国家之事，唯祀与戎"，君主的基本职责，就在于通过祭祀来宣示敬天法祖的治国理念与文化意识，通过战争来实现统治权威。因此国家宗教祭祀作为礼乐文化的集中体现，是中华文明的主要象征之一。

礼乐文化渊源久远，从传统上说，儒家思想一直在这个领域中占主导，但在历代的发展中逐渐造成了许多歧义，甚至混入释、道以至异域的内容，使流传下来的礼乐越来越庞杂，也越来越形式化，难以实现格上下、感鬼神、成教化的政教目的。宋代以后，理学兴起，为礼乐正本清源提供了思想基础。明清的礼乐建设就是以恢复儒家的古礼并充实儒家思想内涵为主要特色的。因此，在天地、宗庙、社稷三大祀之外，非常重视祭孔，祭祀的规格也不断提升，到光绪末，升祭孔为大祀。

明清时的宗教祭祀，有庞大的祭祀体系，分大、中、小三祀。按《明史》所载，明初所定的大祀有圜丘、方泽、宗庙、社稷、朝日、夕月、先农；中祀有太岁、星辰、风云雷雨、岳镇、海渎、山川、历代帝王、先师、旗纛、司中、司命、司民、司禄、寿星，后将大祀中的朝日、夕月、先农降为中祀；小祀有司灶、中霤、司门、司井。①《清史稿》载清初所定的大祀有圜丘、方泽、祈谷、太庙、社稷，后又加常雩；中祀有天神、地祇、太岁、朝日、夕月、历代帝王、先师、先农、先蚕；群祀有先医、贤良、昭忠。保留满族的祭祀旧俗，是清朝宗教祭祀的一个显著特点，如"堂子之祭"、"坤宁宫祭神"，都源自满洲，入关以后在宫中仍然延续。②

天地、宗庙、社稷三大祀都是由天子亲自主持的最隆重的祭祀。举行三大祀的宗教意义在于一种政教上的宣示。首先是表明皇朝的正统。以清初为例，在满族初兴的时候，礼乐都是沿用东北旧俗。至崇德元年（1636）建大清国号，才开始行国家大祀，礼制上还很简陋。顺治元年（1644）定燕都，大祀天地、宗庙、社稷，则全面继承中原自古相延的礼制，而将满洲旧俗退留在宫中。皇朝的更迭很多情况下会涉及民族的融合，一方面，民族的融合会造成礼制的某些改变，另一方面，对于原来处于外边而入主中原的民族来说，选择了中原自古相延的礼制，等于开始一个由外而内的转变过程，这一转变对于文明的延续与统一来说，具有重大的意义。

因为中华文明一直是以农业为本，所以祭祀先农、先蚕对于中华文明来说很有象征意义。祭祀先农、先蚕与人们的实际生产生活关系密切，这样的祭祀，宗教性比较弱，更接近于表达人们美好愿望的传统风俗。

---

① 参见《明史·礼志》，《明史》卷47，第132页。
② 参见《清史稿·礼志》，《清史稿》卷85，《二十五史》第11册，第346页，上海：上海古籍出版社、上海书店，1986年。

祭祀先农是自汉代开始，一直延续下来的传统祭祀。明初，太祖皇帝和礼官一起议定新的祭祀先农的礼仪，建先农坛于南郊，仲春，由皇帝亲祀先农，然后行耕耤礼，礼毕后，还在坛所宴劳百官耆老。①清代自顺天府至全国各地都立农坛耤田。祭祀先农的礼制遂同祭祀社稷一样扩展到全国。②先蚕是在明嘉靖时定制祭祀的，先蚕坛建在紫禁城之西苑，由皇后率领宫中妃、嫔，及宫外的命妇等妇女们祭祀，祭后还要行亲蚕礼。③此后明清两朝都祭祀先蚕。乾隆末年，特别把祭祀浙江轩辕皇帝庙的蚕神，以及祭祀杭、嘉、湖等地的蚕神祠的蚕神，列入了祀典。④这一措施充分体现出国家对蚕桑生产的重视，连宗教祭祀都为之服务了。

自明洪武元年（1368）始，每年春、秋两次，皇帝降香，遣官祭祀至圣先师孔子于国学。⑤清雍正四年（1726），定春秋二祀皇帝亲祀孔子之制，五年（1727），又定八月二十七日为孔子诞辰。⑥明永乐初年所建的北京孔庙，是此后明清两朝祭孔的专门场所。对孔子的祭祀，其实是对自孔子以降的儒家学派的整体礼敬，众多的从祀者都是儒家学派中的精英。以清代顺治二年（1645）祭孔为例，正中祀先师孔子，然后排列的是颜子、曾子、子思子、孟子四配和闵子损、冉子雍等十哲，先贤有众多孔门弟子外及左丘明、周敦颐、张载、程颢、程颐、邵雍、朱熹等六十九人，先儒则有公羊高、董仲舒、韩

---

① 参见《明史·礼志》，《明史》卷49，第137页。
② 参见《清史稿·礼志》，《清史稿》卷83，第342页。
③ 参见《明史·礼志》，《明史》卷49，第137—138页。
④ 参见《清史稿·礼志》，《清史稿》卷83，第342页。
⑤ 参见《明史·礼志》，《明史》卷50，第140页。
⑥ 参见《清史稿·礼志》，《清史稿》卷84，第343—344页。

愈、司马光、欧阳修、陆九渊、王守仁等二十八人。后来的各朝在祭孔时,对从祀者经常有所增减,其中突出的例子如增加了清人最为尊崇的汉代经师许慎、郑玄,还增加过刘宗周、黄道周、吕坤、孙奇逢等明清之际的大儒。①对汉代以来的从祀儒家的选择,各朝的增减很有讲究,一定程度上反映出国家意识形态对儒家正统的理解在不断变化。

明清两朝的国家宗教祭祀,在本着儒家思想更定礼制的方面做得比较显著,在礼乐上则发明不多,基本是延续旧有的礼乐,大抵集汉、唐、宋、元之旧,而稍更易其名。不过,作为明清两朝的国家宗教祭祀的重要组成部分,坛庙建筑却取得了中国古代历史上最辉煌的成就。明成祖迁都北京后,在兴建紫禁城的同时,大规模兴建了太庙、社稷坛、天坛、山川坛等坛庙。后来的嘉靖皇帝,以及清朝诸帝,又增建增修了部分坛庙。最后形成了天坛、地坛、日坛、月坛、社稷坛及太庙、宗庙、孔庙、关帝庙等构成的坛庙系统。在中国历代都城中,北京的坛庙建筑最系统,艺术性也最高。坛庙建筑要体现宗教性与艺术性的有机结合,以天坛的圜丘为例,它的宗教象征性就非常强。圜丘是天坛建筑的中心,是举行祭天礼的地方。它是由中央的圆形圜丘及三层圆形的白色石台构成,这些建筑都是按天圆之形来象征天。三层石台第一层径九丈,象一九之数,第二层径十五丈,象三五得十五之数,第三层径二十一丈,象三七得二十一之数,均是阳数。用阳数来象天,是当时修建圜丘的宗教性要求,就连铺地的石板都是按九的倍数一圈圈排列。②整个

---

① 参见《清史稿·礼志》,《清史稿》卷84,第343-344页。
② 参见《中国古代建筑简史》,《中国建筑简史》第1册,第199-204页,北京:中国工业出版社,1962年。

图39 明清时期的天坛圜丘

天坛建筑都具有宗教性与艺术性有机统一的形象特点，也可以说，不仅天坛，所有的坛庙建筑都有相应的宗教性的文化内涵。

二　传统宗教

明清时期，各种传统宗教的发展也出现了一些新的特点。

明朝初期，太祖皇帝对汉传佛教有所扶持，禅宗、净土、天台、贤首、律宗等佛教宗派均逐渐恢复，改变了元代喇嘛教独尊的局面。到了万历时期，佛教名师辈出，形成佛教的复兴气象。其中最重要的人物，是云栖祩宏、紫柏真可、憨山德清、蕅益智旭，号称明末四大师。在整个明清时期，这四位佛教大师都称得上是最杰出的代表。从佛教上说，他们都反对空疏谈禅，力图结合禅、净二宗以及结合法性和法相两系教义，以恢复佛教日渐阙失的宗教特质。他们都在教义、戒律、经典等多个方面作出贡献，且在教内、教外身体力行，为世人言行表率，希望收拾已经渐趋散漫的佛教信仰。不过，在具体的宗教观念以及对儒、道的态度上，明末四大师又同中有异。

袾宏（1535—1615）的思想以净土为宗，强调教禅并重和三教合一。他认为无论按什么宗派修行，都应念佛，念佛是一切修行的基础。同时，他也很重视经教，倡导了佛教中重视经典的新学风，以挽救禅宗之流弊，与一般思想界排斥空谈、重视经史的学术转向互相呼应。他所制定的寺院日常课诵仪式，一直为后世遵循。在佛教之外，袾宏主张保持佛教、儒家二者之间的恰当关系，对流行的三教合一之说有清醒的认识，他说："核实而论，则儒与佛不相病而相资。"① 但是，"儒佛二教圣人，其设法各有所主，固不必歧而二之，亦不必强而合之。何也？儒主治世，佛主出世。……故二之合之，其病均也"②。对于刚刚传入中国的天主教，则予以激烈的排斥，他曾连作四篇《天说》，批评天主教。这些著作在明末清初佛教与天主教的大辩论中发挥了很大影响。

真可（1543—1603）也非常重视文字经教对儒教与佛教的调和，而且态度更积极，时人称赞他"不以释迦压孔老，不以内史废子史，于佛法中不易宗压教，不以性废相，不以贤首废天台"③。万历年间，他发起刻《大藏经》，后人称为《嘉兴藏》，为佛籍的传播起了很大的作用。同时，他虽然身处空门，却关心时事，与当时许多官僚士大夫有交往。他在佛教中也讲论儒学，把儒家的仁、义、礼、

---

① 《儒佛交非》，《竹窗二笔》，收载于《云栖法汇》。
② 《儒佛配合》，同上书。
③ 顾仲恭：《跋紫柏尊者全集》，《紫柏尊者全集》，《续藏经》第二编，第31册。

智、信全搬到佛教里，改造成佛教的"五常"，对宋明理学中的理、性、情、心等问题也都提出了自己的看法。

德清（1546—1623）在佛教思想方面，与其他几位大师一样，也是想统一佛学中的思想分歧，重构一个整一的佛学体系。而在佛教外，他又宣传儒、道、释三教的调和，他说："为学有三要：所谓不知《春秋》，不能涉世；不精老庄，不能忘世；不参禅，不能出世。"①他曾注释过《老子》、《大学》等一些道书和儒书，以佛释老，以佛释儒，以此说明三教同源，对当时学风影响很大。

智旭（1599—1655）别号叫"八不道人"，他自己解释说："古者有儒，有禅，有律，有教，道人既蹴然不敢，今亦有儒，有禅，有律，有教，道人又靦然不屑，故名八不也。"②由此看出，智旭对当时的佛教抱有愤世嫉俗的态度。他平生不称证，不称祖，不摄受徒众，不登坛传戒，甚至不受丛林之请开大法席，一生只是从事阅藏、讲述和著作，智旭从三十岁始阅读《大藏经》，随阅随作札记，历时二十年撰成《阅藏知津》一书，按经、律、论、杂四藏分类，共收录并解说了一千七百余部佛教经典。这部书是佛教经典解题类著作的佳作，既是一部研读《大藏经》的工具书，又是进入佛教世界的津筏。

整体来看，明中叶的佛教信仰已经呈衰落之势，但在一般社会文化上说，佛教的文化却十分流行，一个突出表现是明中叶后居士对佛教的研究形成风气。明末李贽、袁宏道、瞿汝稷、王宇泰、焦竑、屠隆等人都于佛学有所阐说，入清则有彭绍升、罗有高、汪缙三人结为法友，从事佛学研究。从此居士佛学成为中国佛教史的一

---

① 《学要》，《憨山大师梦游全集》，《续藏经》第二编，第32册。
② 《八不道人传》，《灵峰宗论》。

个重要组成部分。而明末清初,明朝的遗民出家为僧的也相当多。

明清两代多次刊刻《大藏经》,在整理佛教文献上成就很大。明初洪武至永乐年间先后在南京和北京刻了《南藏》和《北藏》,在这以后有刻于杭州的《武林藏》和《嘉兴藏》。明代还有藏文藏经《甘珠尔》的刊行,在永乐和万历时代,前后曾翻刻过两次。清顺治、康熙年间,民间各地所刻的僧传、语录等都被收集到嘉兴楞严寺,分别辑为《续藏经》、《又续藏经》。雍正至乾隆间刻成《龙藏》。康熙、雍正间又刊《丹珠尔》,即今之北京版《西藏大藏经》。乾隆中又刊《蒙文大藏经》和《满文大藏经》。佛教的经典空前完备。

明清时期佛教另一个值得关注的方面是藏传佛教。从元代开始,历代王朝对喇嘛教都给以很高的优遇。永乐时,宗喀巴(1357—1419)在藏传弘佛法,成为藏传佛教格鲁派的创始人。格鲁派逐渐

图40 拉萨布达拉宫

成为藏传佛教的正统派,并渐次由西藏传播到西康、甘肃、青海、蒙古等地。

因为从宗喀巴开始,格鲁派僧人头戴黄帽,所以格鲁派又被称为"黄教"。嘉靖二十一年(1542),格鲁派开始采用活佛转世制度,藏传佛教的两大活佛——达赖喇嘛和班禅活佛——都从格鲁派产生。清顺治九年(1652),达赖五世受邀进京,次年被清廷册封为"西天大善自在佛所领天下释教普通瓦赤喇怛喇达赖喇嘛",成为藏蒙佛教总首领。康熙五十二年(1713),清廷又册封班禅五世为"班禅额尔德尼",与达赖共同管理蒙藏佛教。受西藏本教的影响,藏传佛教除格鲁派外,大多允许僧侣娶妻生子,从事寺外职业,与家庭保持联系。宗喀巴所创格鲁派则严格要求出家修行,独身不娶,并加强了寺院的组织和管理,先在由格鲁派创立和控制的寺院内形成了政教一体的寺院组织。被称为拉萨三大寺的哲蚌寺、色拉寺、甘丹寺,都即是西藏的宗教中心又是政治中心。随着格鲁派的势力壮大,清政府下令,将西藏的行政大权交给达赖,由此整个西藏建立了以达赖为最高领袖的政教合一的社会制度。

明清时期的道教也出现了一些新的特点。首先值得关注的是道教与政治的关系更为密切。明初道教延续元代北方全真道、南方正一道的均分格局。太祖皇帝征江南时,得到了正一道的支持,太祖也因此贵重正一道,正一道也因此逐渐显赫,超过了全真道,成了全国道教的主导。后来,成祖在发动"靖难之变"时,宣称真武显灵,此后即尊信真武大帝,在武当山建真武祠,最终修造成包括八宫、二观、三十六庵堂、七十二岩庙的庞大道教建筑群,使武当山成为中国最著名的道教胜地。同时,明成祖对道教经典的修纂,十分积极，但未及完成。至英宗正统间，继续编辑，正统十年（1445）刊板流布，共五千三百零五卷，称《正统道藏》。后来神宗万历三十五年（1607），又敕第五十代天师张国祥编印《续道藏》一百八十卷，称《万历续道藏》。这两部《道藏》的修纂对于道书的保存和传播起了巨大的作用。

在明代诸帝中崇道最笃的是世宗皇帝，他甚至每天斋醮，发展到"经年不视朝"的地步。这时的道教因为逢迎皇帝，专事符箓斋醮等迷信活动，忽视了在性命双修上提高信仰和道德境界，又只知贪求富

图41 山西水陆画中的道士形象

贵，且骄奢淫逸，日益腐化，不能自我约束和不断革新，道教在金元时期建立起来的崇高声望被迅速瓦解。由此导致士大夫开始轻视乃至敌视道教，使道教在传统的儒、道、释三教格局中逐渐丧失地位。特别是清朝的满族上层素无道教信仰，清朝诸皇帝逐步采取种种限制措施，加速了道教衰落的进程，道教于是从走上层路线转为走下层路线，以通俗的形式向民间扩散，融进民间宗教的大潮中。明清以来，民间信仰的诸神大多与道教有关；各种以儒家伦常道德为出发点，宣扬道教"积善消恶"和佛教"因果报应"思想的劝善书、功过格风行一时，也与道教下移有关；同时，道教观念也大量地渗

图 42　陕西西安大清真寺

透到通俗文学中，不少明清小说大写神仙鬼怪，也是受了道教的影响。

　　明清时期也是中国伊斯兰教发展的重要时期，这首先得力于嘉靖年间由陕西咸阳渭城人胡登洲所创始的经堂教育。胡登洲一改过去伊斯兰教教育只在家庭内部传承的旧习，参照中国的私塾与学校，以清真寺为经堂，阿訇为教师，经典为读本，招收回族子弟，进行规范化的伊斯兰教教育。到清初，经堂教育发展已遍及整个回族地区。经过经堂教育，一批批有学、有传、有德、有言、有守的新的中国伊斯兰教学者出现了。而经过中国伊斯兰教的一些著名学者的努力，伊斯兰教实现了与中国本土宗教与文化的和平共处与交流互补。中国伊斯兰教学者通过用汉文翻译伊斯兰教经典，写作汉文著作，将伊斯兰教思想与儒家思想相结合，尽力使中国伊斯兰教融入中国文化的主流传统当中，促成了儒、佛、道、伊"四教会通"的新格局。

　　中国的伊斯兰教学者在阐释伊斯兰教思想时，总是结合本土的思想传统来说，比如刘智在《天方典礼》中就借用儒家的明德、明明德说来说明伊斯兰教信仰的先天与后天两方面。这些带有儒家色彩的解释，并不都是对本土既有的儒家以及道、释思想的迁就，在一些重要的观念上，中国伊斯兰教学者坚持了伊斯兰教的基本教义，还对某些本土思想进行了必要的批判。真主至高无上，是宇宙独一无二的主宰，这是伊斯兰教的基本信仰，中国伊斯兰教学者一般是在坚持这一基本信仰的前提下吸收本土思想的。比如王岱舆、马岱等人提出的"人仙神鬼说"，就是从一神论的伊斯兰教出发，对中国文化中的那些迷信的、多神的、偶像崇拜的部分进行了批判。

在伊斯兰教哲学方面，中国伊斯兰教学者发挥创造的内容更多些。王岱舆的《清真大学》，就是比照儒家"四书"中的《大学》而作。他提出"真一"、"数一"、"体一"的体系，然后与周敦颐的无极、太极、阴阳相比附。刘智的《天方性理》，就是他所建立与阐发的伊斯兰教的性理之学，与儒家理学思想相对应，其中用性理为基本概念，体用为基本方法，系统地论述了伊斯兰教的哲学思想。在中国伊斯兰教学者的汉文译著中，对"真"、"一"的论述最深入。从儒、佛、道、伊"四教会通"的角度说，从伊斯兰教中阐发出来的"真"哲学、"一"哲学、"真一"哲学，汇入了中国哲学的传统之中，丰富和深化了中国哲学的原有思想。当时的一些儒家学者对伊斯兰教学者的著作也持肯定和欢迎态度，刘智的《天方典礼择要解》是唯一收入《四库全书》的中国伊斯兰教著作。

总体来看，传统宗教在明代中叶以后的发展以成熟和完善为主要特点。各种传统宗教在宗教的制度和经典上都进行了大量的建设性的工作，宗教的教义也都适应时代的需要进行了调整和完善。各种传统宗教都进入了稳定的成熟期。佛教、道教、伊斯兰教都积极地协调与正统儒家思想和相互之间的关系，从而形成儒、道、释、伊四教和谐会通的宗教发展的大格局，为此后宗教的多元化发展奠定了基础，这可以说是中华文明的一个伟大的成就。

三　民间宗教与信仰

当传统宗教从其发展的高峰往下衰落时，往往一味迎合下层民众的需要，表现得非常势利，并向民间宗教扩散下滑，这一转化的浪潮也促进了民间宗教在明清间的大发展。除宋代以来的白莲教继续发展之外，罗祖教、黄天教、三一教、大乘教、弘阳教、圆顿教等等数十个民间宗教的教派涌现出来，这些民间宗教一产生，就盘根错节地扎根在社会中，并广泛传播。①

从社会的方面说，明清时期社会的两极分化加剧，社会分工和社会生活也越来越多样化，这些也是促使民间宗教发展扩大的原因。各种民间宗教虽然都有它们来自佛教、道教或其他宗教的来源，同时它们都与特定的社会条件相关。由于社会的两极分化，贫苦农民，特别是流民队伍的壮大，为民间宗教的兴起和传播提供了社会基础。在民间宗教的宗旨中，大多有专为贫苦大众服务的内容，常常要施医送药，赈济穷人，这些善举为民间宗教赢得了人心，吸引了广大的信众。从表面上说，民间宗教都是普度众生，但从其逐步发展出

---

① 关于明清时期民间宗教的发展史，可以参见马西沙、韩秉方著《中国民间宗教史》，上海人民出版社，1992年。

来的组织形态和人员构成看,还是可以看出某种民间宗教或其支派与某种社会阶层、团体、行业、大家族等等的结合,从而构成一种民间宗教与民间会社相混杂的特殊形态。民间宗教与民间会社相结合,造成了一些民间的特殊的社会组织原则、道德原则乃至法律原则,因此我们也可以说,民间宗教是明清时期新的社会现实的一个组成部分。在民间宗教的发展过程中还形成了很多文化产物,像五花八门的庙宇、内容庞杂的宝卷,在逐渐洗脱掉历史的风尘之后,现在都已成为中华文明的宝贵遗产。

民间信仰是一种特殊的宗教现象,其起源可以追溯到自远古以来村社祭祀传统,其间包含着对祖先、社稷、鬼神、人物、自然等各方面的崇拜,它是复杂的多神崇拜,并且与民间的生活习俗紧密地联系在一起。在佛、道二教出现后,民间信仰受到很大影响,特别是宋、元、明、清民间宗教诸教派兴起后,民间信仰和宗教往往纠葛在一起,难分难解。如果从严格的宗教意义来看,民间信仰没有明确的创始人,也没有固定的教义、教规、教团和宗教仪轨等,并不形成一个社会实体,因此不能说它是一种宗教。民间信仰是民众生活中的一种带有宗教意识的社会文化。民间信仰有很强的功利性,民间的诸神一般都各有所职,具有特定的社会功能,有些神是专门护佑人们的生活的,还有些神沟通生死两界,还有些神是护佑地方和国家的。

明清时期的民间信仰中,各种神祇十分庞杂,其功能往往足以覆盖民间生老病死一切所求,其中以玉皇大帝、城隍、关帝、观音、碧霞元君、妈祖的影响最大。

早在先秦时期,已存在对"天帝"的崇拜。魏晋南北朝时,随着道教的发展,"玉皇"、"玉帝"的名号开始出现。到唐宋时期,"玉皇"、"玉帝"俨然成了群仙之首的最高神。与此同时，围绕玉皇大帝，一个更庞大的神灵谱系逐渐构建起来，其配偶神王母娘娘以及属下太白金星、四海龙王、城隍土地等，组成了无所不包、无处不在的神仙世界。这更增添了玉皇大帝的神圣地位和权威性。比如旧时为准备过年，先要祭灶，希望灶王爷能"上天言好事，下地降吉祥"，这种祭祀的背后，就是对玉皇大帝的敬畏。因此，玉皇大帝信仰可以说已融入了中国老百姓日常生活的方方面面。不管遇到什么事，人们都要祈求玉皇大帝的保佑。不过，民间信仰的特点并不总是那么郑重的，看过《西游记》的读者都会记得，在这部小说中，玉皇大帝表现得着实有点狼狈。这也许并不意味着信仰的颠覆，却表现出民间信仰的世俗化倾向，而这反而可能是它在民间生生不息的信仰源泉。

　　城隍信仰大约从南北朝时就开始了，《北齐书·慕容俨传》记载慕容俨镇守郢城，常到城中的城隍神祠祈祷。隋唐时在吴越一带流行，到了宋代已经传遍天下，每个州县都有了城隍庙，朝廷也多次敕封城隍，将祭祀城隍列入国家的祀典。明初，太祖皇帝特别对祭祀城隍的礼制加以完善，他非常重视城隍信仰对地方政治的作用，在北京设都城隍，再按地方行政的建制，分别设府、州、县城隍，并仿照相应级别的官府衙门的规模建造城隍庙。传说城隍都是由死去的正人直臣担任，他们能和阳间的官员互相配合，共同治理地方。官府的各级官员上任，首先要拜祭城隍庙，对城隍神发誓忠君爱民，以此借重神道的力量。这是利用神道为政治服务的典型。从民间信仰的角度说，城隍一方面护佑百姓，无论晴雨、水害、旱魃、疾病、科举，都可以祈求城隍。城隍更重要的一个职能是掌管冥籍，他处在生死两界的交

图43 山西解州关帝庙春秋楼

接点,人死之后,首先要到城隍那里点录,然后才能进入冥界。在城隍之下,还有遍布乡村的土地神,它有和城隍庙相同的职能,既护佑众生,又掌管冥界。土地源自古老的社神,本来与城隍并列,秦汉时曾盛行一时,宋代以后由于城市的广泛兴起,使祭祀城隍成了主流,土地就变成了城隍的下属,只在乡村中祭祀。其住所有祠,有庙,有石头屋,甚至有的就在野外。形象则多是一位穿袍戴乌帽的白发老翁,旁边配有一位老妇,这就是所谓土地公和土地婆。虽然土地神权力有限,但由于贴近民众,所以每年都受到定期的祭祀。

　　三国时蜀国大将关羽后来逐渐由人变神,成为全国上下人人崇拜的关圣帝君,经历了一个漫长的造神过程。关羽之祠兴于荆州,据说,在关羽父子陨命的当阳玉泉寺,最早有人奉祀关羽。后来关羽的神灵遇到了智者大师,大师为之济度,使他成了佛教寺院的伽蓝神,各地的寺庙都有祭祀。北宋时期,国家面临外族入侵,国难之际,关羽的忠义和勇武精神受到重视,关羽也因此一再提高神格,宋徽宗时封为忠惠公,后又加封武安王、英济王,以后的元、明、清一路加封，最终成了"忠义神武关圣大帝"。关羽成了护佑国家的最高武神。关羽还被塑造成一个广义的财神。北宋的正一派道士编造了一个关公战蚩尤的故事。关羽的家乡河东解州靠近中原经济的宝库——盐池，祥符七年（1014），盐池减水，盐业出现灾害，据说是蚩尤作乱，关羽遂与蚩尤大战五日，击败蚩尤，使盐池重新出盐。由此关羽又成了经济保护神。明代的北京既有尊关羽为护国武神的白马庙，又有把他尊为道教财神的月城庙。此后关羽逐渐成了能管世间一切吉祥祸福的大神。官吏、武夫、僧尼、道士、妇女儿童，全都供奉关羽。而宋元以来戏曲小说对关羽的褒扬，更为其信仰推波助澜。关羽的忠刚义烈、勇武神威，既适合统治者的要求，也适合民众的心理，以致关羽信仰日益盛行，遍及全国，"南极岭表，北极寒垣，凡妇女儿童，无有不震其威灵者。香火之盛，将与天地同不朽"[①]。关于关帝的诞辰，一说是五月十三日，一说是六月二十四日，各地关庙在这两个日子都会举办庙会，尤以五月十三日为盛。每到这一天，除了有公祭仪式，还有演戏酬神和商贸活动，热闹非凡。

值得注意的是，虽然在古代社会存在严重的男尊女卑思想，但在民间信仰中却不乏地位崇高的女神。除了前面提到的王母娘娘，观音也是一个突出的代表。观世音菩萨来自佛教，但转入中国以后，发生了很大变化。其尊号原为"大慈大悲救苦救难观世音菩萨"，后来避唐太宗李世民讳，省去了"世"字，简称"观音"。在佛教世界中，观音本来多以男性形象出现，《华严经》上就说观音是个"勇猛丈夫"。可是，在中国民众的心目中，观音却成了一位美丽的女神。《西游记》中有这样的描写：

① 赵翼：《陔余丛考》卷35。

理圆四德，智满金身。缨络垂珠翠，香环结宝明。乌云巧叠盘龙髻，绣带轻飘彩凤翎。碧玉纽，素罗袍，祥光笼罩；锦绒裙，金落索，瑞气遮迎。眉如小月，眼似双星。玉面天生喜，朱唇一点红。净瓶甘露年年盛，斜插垂杨岁岁青。解八难，度群生，大慈悯。故镇太山，居南海，救苦寻声，万称万应，千圣千灵。兰心欣紫竹，蕙性爱香藤。他是落伽山上慈悲主，潮音洞里活观音。

这就是民间信仰中典型的观音形象。她不但平易近人，和蔼可亲，而且能急人所急，随时解救人的一切困厄，因而在明清以来的民间信仰中居于核心地位。

碧霞元君又称泰山娘娘，是北方民众信奉的一位女神，她的来历众说纷纭，有的说是泰山之女，有的说是传说中的天帝时的玉女，有的说是汉代民女石玉叶，在泰山修炼成仙。据《文献通考·郊社考》说，泰山的太平顶上有玉女池，宋真宗封禅泰山的时候，在水池中得到了已经断成两截的玉女像，于是让人重新雕刻成玉石的像，以砻石为龛，奉置旧所，并令王钦若致祭，宋真宗为之作记。① 明朝成化时把宋时建立的昭真祠扩建为宫，弘治间更名为灵应宫，嘉靖时又更名为碧霞宫。碧霞元君信仰由此逐渐在北方地区传播。按道教的说法，碧霞元君受玉帝之命管领着泰山的天将神兵，能照察人间一切善恶生死之事，是一位普佑众生的大神。民间更多看重这位女神能使妇女多子，还能保护儿童，所以妇女对其尤为信仰虔诚。泰

---

① 参见《文献通考·郊社考》二三，转引自宗力、刘群：《中国民间诸神》"碧霞元君"，第321页，石家庄：河北人民出版社，1986年。

山的碧霞元君祠在极顶南面，宋代创建，明清均有增修。殿内正中供奉碧霞元君铜像，为明代所铸。北京的碧霞元君信仰最盛，京城内外建有十多座碧霞元君庙，永安门外的碧霞元君庙建于明末，称为"南顶"，东直门外的碧霞元君庙称为"东顶"，蓝靛厂的碧霞元君庙称为"西顶"，安定门外的碧霞元君庙称为"北顶"，右安门外草桥的碧霞元君庙称为"中顶"，妙峰山的碧霞元君庙最有名，称为"金顶"。妙峰山的碧霞元君庙每年春天四月初一至十五日、秋天七月十五至八月初一，举行两次香火会，从明代以来，一直举行，是北京最有名的民间古庙会。所以清人潘荣陆《帝京岁时纪胜·天仙庙》中说"京师香会之胜，惟碧霞元君为最。……都人献戏进供，悬灯赛愿，朝拜恐后"。

妈祖则是中国东南沿海供奉的保护神，又称天妃、天后等。妈祖信仰发源于宋朝的福建地区，在中国沿海地区拥有众多的信众。按比较常见的说法，妈祖是莆田林氏女，名默娘，生于宋太祖建隆元年（960），殁于宋太宗雍熙四年（987），仅活了28岁。她的主要神迹是救助海上遇难的船只和船民。宋宣和五年（1123），给事中路允迪率领八条船出使高丽，遇到风浪，有七条船沉没，只有路允迪的船因为妈祖降临在船桅上，才得以幸免。事后朝廷得知，于是建顺济庙供奉妈祖。此后妈祖在救援海难、抵御海寇等事上不断显灵，因此不断得到敕封，从绍兴二十六年（1156）封"灵惠夫人"始，逐渐上升等级为妃、天妃。明代郑和七次下西洋，行航前都要祭祀妈祖，顺利返航后，遂由朝廷敕封妈祖为"护国庇民妙灵昭应弘仁普济天妃"。当时还出现了一部规模颇大的小说《天妃济世出身传》，讲述了天妃的传奇故事。清代的妈祖信仰更盛。康熙朝，因为统一台湾，对妈祖信仰尤其

图 44 清代民间年画财神

重视,康熙十九年(1680),加封福建妈祖为"护国庇民妙灵昭应弘仁普济天妃","师征台湾,神涌潮以济师,遂克厦门。及平台湾,亦显灵异"。①台湾统一后,海峡两岸广建妈祖庙,每年三月二十三日是妈祖生诞之日,福建莆田妈祖庙和台湾北港朝天宫等妈祖庙都要举行祭祀妈祖和妈祖像巡街活动。在人们心目中,妈祖代表了扶危济困、舍身助人的崇高品德,也体现了追求生活幸福、社会安宁的人文关怀。

在明清时期,民间信仰中的行业神崇拜发展最为兴旺。当时三百六十行都有拜神的习俗,所拜的神有些是流行的大神如真武、关帝、财神等等,也有一些神只和本行业有关。行业神的神庙往往建在从业或生产的场所,或者行业的会馆,也有在家中祭神的。最著名的行业神是鲁班,从明初开始,木工、瓦工、石匠都供奉鲁班,后来木雕业、锯木业、铁木轮车铺、搭棚业、扎彩业等等也都信奉鲁班。

行业神的出现往往与社会经济的发展联系在一起。明清时苏杭的

---

① 《清朝文献通考·群祀考》二,转引自宗力、刘群:《中国民间诸神》"天妃",第398页,石家庄:河北人民出版社,1986年。

丝织业发达,机户们大多供奉机神。苏杭一代供奉的机神一般有传说在黄帝时发明衣服的伯余,还有唐代褚遂良的后裔褚载,他移居钱塘,把纺织绫锦的方法教授给乡里,使后来的杭州以机杼甲于天下。松江、太仓一带棉纺业发达,这首先得力于元代发明织棉法的黄道婆,黄道婆也就理所当然地为棉纺业供奉,到处都有黄道婆庙。明朝嘉靖时,上海有顾儒、顾秀兄弟发明了"顾绣",此后流传至苏州,上海、苏州的刺绣业也就建祠,奉顾氏兄弟为刺绣业的祖师。

作为民间信仰,行业神十分杂乱,一个行业经常因地域等不同,各自供奉自己信仰的神灵,如梨园业供奉的梨园神,就有清源师(二郎神)、老郎神(唐明皇)等,北京的梨园业还拜喜神,梨园同人常要到妙峰山娘娘庙的喜神殿聚会。

中华文明的整个宗教是一个由国家政教、传统宗教、民间宗教、民间信仰构成的由高而低的完整体系。而这些宗教信仰又是相互影响、制约的,在北京等政治性较强的地区,这种相互影响和制约表现得更为突出。①这中间民间信仰处在底层的地位,却是和民众生活结合最紧,也是信仰者最众的。民间信仰虽然仍属于宗教的范围,从消极的方面看,它包含了不少封建迷信的东西,从积极的角度看,它更应属于一种社会文化,一种在生活中替代了正规宗教信仰的文化。和正规宗教信仰相比,它更自由而生动,巧妙地结合在生活的方方面面中,是一种无形的凝聚力,小到行业、地方,大到国家、民族,民间信仰往往是一种人与人可以相互沟通,人群和社群之间可以相互融合的文明标志。

---

① 参见赵世瑜:《狂欢与日常——明清以来的庙会与民间社会》,第370页,北京:三联书店,2002年。

第十章 曙光再现

近代以来，中国社会发生了剧烈的震荡，中华文明面临着空前的挑战，最突出的是遭遇到了西方近代文明的全面冲击。此前，中华文明代有变迁，但主要的还是中华文明内部的整合，即便是受异域文明的影响，也主要是东方文明（如印度的佛教、阿拉伯的伊斯兰教等）。虽然明清之际西方文明经耶稣会士在中国的传播曾出现过一个小高潮，但并未影响到中华文明的主体。近代以来的情况就完全不同了。随着西方资本主义的发展和工业革命的进行，西方文明逐步形成为一种霸权优势在世界范围内扩张，而在中西两大文明的碰撞之下，中华文明一方面仍然沿续着自身的发展，另一方面，也更多地容纳吸取了其他文明体系、特别是西方文明体系的内容,在变法图强的历史大背景下开始了前所未有的大转型,从古代文明向近代文明跃进。

一 "体""用"困惑

鸦片战争后,清政府被迫签订了不平等的《南京条约》,打开了中国的大门,西方列强接踵而至。在列强的压迫下,中国面临着空前的民族危机与文化危机。西方文化大量涌入,缓慢地,然而又是全面、持续、深刻地改变着中国传统文化的格局。

西学首先在某些思想敏锐的文化人当中传播,出现了所谓"士子学西学以求胜人"①的局面。不过,鸦片战争前后的一段时间,士子对西方的认识停留在一些混沌的表象中。林则徐的《四洲志》、魏源的《海国图志》、徐继畲的《瀛环志略》、姚莹的《康𫐌纪行》等,尽管作为最早的一批由国人自撰的介绍西方状况的著作显得弥足珍贵,但它们在介绍西方时仍然是相当肤浅和零碎的,甚至有不少错误。因对外部世界的了解毕竟太有限,这些著述大多只是对当时国人所能接触到的极少几部西人著作的摘编。魏源把这种方法称为"以西洋谭西洋","斯纯乎以夷人谭夷地也"。②徐继畲说得更直白:"泰西诸国疆域、形势、沿革、物产、时事,皆取之泰西人杂书。"③如《四洲志》

---

① 刘大鹏:《退想斋日记》,第102页,太原:山西人民出版社,1990年。
② 魏源:《海国图志》卷4,长沙:岳麓书社,1998年。
③ 徐继畲:《瀛环志略·凡例》,(台湾)近代中国史料丛刊续编本。

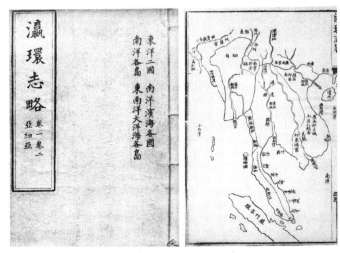

图 45 清道光二十八年刊行徐继畬《瀛环志略》书影

主要取材于英国人慕瑞(H. Murry)的《世界地理大全》的片断节译;而《海国图志》除此外,参考的也无外乎是英国传教士马礼逊(R. Morrison)的《外国史略》[①],美国传教士裨治文(E. C. Brigman)的《美理哥合省国志略》等书;而《瀛环志略》所用的地图则全部摹自美国传教士雅裨理(D. Abeel)的世界地图册。这些人多为教会中人,本来就不是专业人士,对科学的理解难以准确、系统、深入,并受到宗教的束缚。而据此再度转译,缺漏谬误自然难免。

遗憾的是,即使是这些大打折扣的作品在鸦片战争后的相当一段时间里,社会影响力也是很有限的。当时人们对西方的了解普遍停留在若干趣闻逸事上,譬如一些人对"英夷"情事最为关切的是"女主"习俗。书成于道光十二年(1832)的《英吉利记》称:"英吉利人……

---

① 魏源自己就承认:"《海国图志》六十卷,何所据?一据前两广总督林尚书所译西夷之《四州志》,再据历代史志及明以来岛志及近日夷图夷语,钩稽贯串。"(《海国图志·原叙》)

婚丧嫁娶女自择，女主赀财，夫无妻媵，在国王以下莫不重女而轻男。"①江苏文人陈逢衡的《英吉利纪略》和安徽廪生汪文泰的《红毛番英吉利考略》是当时介绍英国情况的著作，也都特别讲说"现今国王系女主"，"赘所属邻国之二王子为婿"。②1840年8月间英军首至天津白河口，直隶总督琦善派人探得英国"国王已物故四年，并无子嗣，仅存一女，年未及笄，即为今之国王"，认为以女主为王已是不成体统，"又询以此人何不适人，据称向来该国女子许嫁，均系自行选择，兹亦任其自主"。这愈发让琦善等觉得形同禽兽："是故蛮夷之国，犬羊之性，初未知礼仪廉耻，又安知君臣上下。且系年幼弱女，尚待择配，则国非其国，意本不在保兹疆土。"③南京条约签订当天，钦差大臣耆英向朝廷奏报约款各条，还专门把"英夷重女轻男，夫制于妇"④一节提出。时任江苏布政使的李星沅看到南京条约的第一反应也居然是对"夷妇与大皇帝并书"签名的不解。⑤战后，广东巡抚黄恩彤曾细密地将中英双方的优劣条件作比较，分析英国人的不利条件之一是"夫制于妇"⑥。广州出现的一份名曰"全粤义士义民公檄"的传单也提到："乃独有英吉利国，其主忽女而忽男，其人若禽而若兽，凶残之性，甚于虎狼。"⑦鸦片战争为首次中西方的大规模碰撞，朝野间

---

① 萧令裕：《英吉利记》，中国近代史资料丛刊《鸦片战争》（一），第20页，神州国光社，1954年。
② 胡秋原编：《近代中国对西方及列强认识资料汇编》第一辑，第860–862页，台北："中研院"近代史研究所，1984年。
③ 《鸦片战争档案史料》第2册，第393页，天津：天津古籍出版社，1992年。
④ 同上书第6册，第158–159页。
⑤ 《李星沅日记》上册，第428页，北京：中华书局，1987年。
⑥ 黄恩彤：《抚夷论》，中国近代史资料丛刊《鸦片战争》（五），第435页。
⑦ 佐佐木正哉：《鸦片战争の研究》（资料篇），第303页，（东京）近代中国研究会，1964年。

对由此引出的诸多创深巨痛的问题视若无睹,却不约而同地对英国女王发生浓厚"兴趣",这除了能满足某种猎艳和好奇心态外,还与潜藏的女主干政其势不久的传统心理有关。当时的中国人多把这当做是女人乱政、母鸡司晨等中国传统理念所不齿的表征,认为它恰好印证了"夷人行同禽兽"这一"人禽之辨"的圣人命题的真确。

西方文化在中国社会引起较大反响是从所谓"西教"开始的。19世纪50年代前后,"西教"首先在一些处在社会下层的文人和民众中发生效力,进而掀动一场社会风暴——太平天国运动。在中华文明史上,类似于太平天国那样深受西方宗教影响而引发如此大规模的民众运动的史例是前所未有的。而由于太平天国采取了偏激的政策,对中国传统文化的排斥,脱离了时代和群众,也必然招致知识阶层的不满,成为其走向失败的一个重要文化因素。

太平天国失败后,"中学为体,西学为用"的思想逐渐成为国人应对西学的主体见识。太平天国后期领导人洪仁玕曾设计了一份未能实施的学习西方的蓝图——《资政新篇》,其历史遗命却由其对手曾国藩、李鸿章等洋务派所承继。曾国藩和他的同僚们并没有完全照搬《资政新篇》一揽子学习西方的方案,而是有所区别,洋务派们对"西教"、"西政"并不感兴趣,他们对西洋文明引介的兴奋点多停留在"西器"、"西技"的层面。这种见识集中的文化观表述就是"中体西用",类似的表述还有"中本西辅"、"中道西器"、"中道西艺"、"中本西末"等。如郑观应说:"中学其本也,西学其末也;主以中学,辅以西学。"[①]

---

① 郑观应:《盛世危言·西学》,《郑观应集》上册,第276页,上海:上海人民出版社,1982年。

中体西用论者坚持认为：清朝的政制、官方意识形态和中国的传统文化都是良美至善的，西学从根本上是源于中国的，西方文明对中国的优势无外乎只是坚船利炮与声光化电。将"体用"观予以理论化表述的张之洞曾严格限定了"中体"与"西用"的界限，所谓"五伦之要，百行之原，相传数千年更无异义，圣人所以为圣人，中国所以为中国，实在于此"。这属于"体"的范畴，无须向西方求教。而"学校、地理、度支、赋税、武备、律例、劝工、通商……算、绘、矿、医、声、光、电、化"等属于"用"的范畴，可以向西方学习。简言之，就是"中学为内学，西学为外学，中学治身心，西学应世事"。如此一来，便能"既免迂陋无用之讥，亦杜离经叛道之弊"。[①]因此，正如梁启超在《清代学术概论》中指出的那样，"中体西用"的说法，当时"举国以为至言"。不但如此，它几乎也成了清政府的国策。1898年6月，光绪皇帝"诏定国是"就要求："自王公至于士庶，各宜发愤为雄，以圣贤之学植其根本，兼博采西学之切时务者，实力讲求，以成通达济变之才。"[②]而孙家鼐在《议复开办京师大学堂折》中也反复强调："今中国京师创立大学堂，自应以中学为主，西学为辅；中学为体，西学为用；中学有未备者，以西学补之，中学其失传者，以西学还之。以中学包罗西学，不能以西学凌驾中学，此是立学宗旨。"[③]

作为19世纪后半期的一种主流意识形态和政治文化观，"中体西用"所要回应的实际上是一个莫大的时代课题：就是如何处理传

[①] 张之洞：《劝学篇》，中国近代史资料丛刊《戊戌变法》（二），第220–224页，上海：上海人民出版社，2000年。

[②] 朱寿朋编：《光绪朝东华录》，第4册，第78页，北京：中华书局，1958年。

[③] 中国近代史资料丛刊《戊戌变法》（二），第426页。

统与近代、中学与西学的关系。这是明清之际耶稣会士来华以后,特别是鸦片战争以后,又特别是洋务运动开始以后悠远漫长不断困扰中国人的一个大题目。但是,这种貌似开放的思想原则并没有真正解决两者的矛盾。因为所谓"中体西用"实际上只是一种态度的宣示和一种头痛医头、脚痛医脚的权宜之计而已。

甲午战败宣告了洋务运动的终结,也暴露了"中体西用"观的缺陷。甲午战争,一向被视为"蕞尔小国"的日本打败了堂堂大清朝,令国人认识到原因之一就是日本能果决地实行"脱亚入欧",使国势骤强。于是,在"中体西用"的主张仍颇有市场时,一种面对西学更加开放的社会思潮也开始形成。这就是要走日本人的路,更大程度地吸纳西学,不仅在"用"的层面上学习西方,还要在"体"的层面效法西方。因此,甲午战后的几年是中国思想界的一个重要的转折期,从这开始,中国才比较正规地迈进到自觉理智地、整体规模地向外国学习的历史进程中去,国人对西学的领悟也从感性的"力"的层次深入到理性的"智"的层次,表现出对近代文化精神——近代人文主义和启蒙精神的觉悟,并进而引起了西方思想文化和中国传统思想文化的第一次大融合——维新思想由此产生。挽救国家的危亡必须从启蒙国人的新知识新觉悟开始,启蒙与救亡成为一代戊戌人的双重历史使命。

二 维新思潮

维新思想最重要的代表人物是康有为(1858—1927)。他早年习经学，又到家乡广东南海白云洞习佛学道学，都没有找到思想出路；后来"薄游香港，览西人宫室之瑰丽，道路之整洁，巡捕之严密，乃始知西人治国有法度，不得以古旧之夷狄视之"。中西对比的反差对其思想产生轰击，于是"渐收西学书，为讲西学之基矣"。①1890年，康有为移居广州云衢书屋，梁启超等来访，据梁氏说"时余以少年科第，且于时流所推重之训诂词章学，颇有所知，辄沾沾自喜。先生（康有为）乃以大海潮音，作狮子吼，取其所挟持之数百年无用旧学更端驳诘，悉举而摧陷廓清之，自辰入见，及戌始退，冷水浇背，当头一棒，一旦尽失其固垒，惘惘然不知所从事"②，马上转拜康有为为师。这便是"新学"的力量。应该说，在西潮的冲击下，过去的饱学之士转眼间成了无知之人，也就是所谓知识转瞬失落的身心体验，不独梁启超辈，而是传统士子向新知阶层转变时一两代人所共有的心路历程。

以康有为为领袖的维新派与光绪皇帝为首的"帝党"联手，激愤于甲午战后出现的列强瓜分中国的狂潮，以"保国、保种、保教"为旗帜，在1898年6月11日至9月21日短短的时间里，自上而下地推行了一场全方位的改革。改革是激进的，又是脆弱的。当时，维新派尚是一个处在转变中的未定型的社会派别，康有为的思想便十分庞杂，既有承继传统的一面，如公羊之学、宋明理学、佛教大乘思想，又有以半生不熟的形式得自西学的内容，如社会进化论、三权分立的政体学说、近代民族民主观念等等。理论的待成熟使得改革派变法方略的设计带有极不成熟的征象。在百日维新的103天中，

---

① 康有为：《康南海自编年谱》，中国近代史资料丛刊《戊戌变法》（四），第115页。
② 丁文江、赵丰田：《梁启超年谱长编》，第23页，上海：上海人民出版社，1983年。

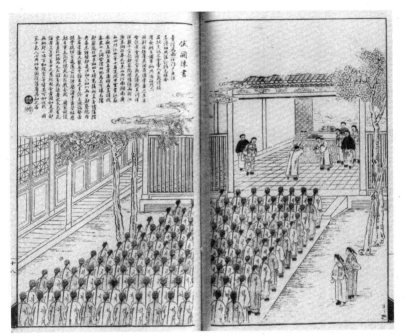

图 46 光绪末年上海东亚社石印本《点石斋画报·公车上书图》

光绪皇帝发布的有关改革的谕旨就有230多道,牵扯方方面面,由于急于求成,大多数变法诏令的出台杂乱无章,缺乏善后,不具可操作性;少数勉力推行的举措又骤然牵动了太多人的切身利益,使得改革的对立面扩大。"戊戌六君子"之一的康广仁在政变发生前就已看出危机所在:"伯兄(康有为)规模太大,志气太锐,包揽太多,同志太孤,举行太大。当此,排者、忌者、挤者、谤者,盈街塞巷,而上又无权,安能有成?"①

慈禧及保守派举手之间,便将改革派投入血泊。作为一场政治运动,百日维新短时而败,但作为一场更广阔意义上的社会文化运动自有其成功之处。戊戌运动是中国历史上第一次大规模的资产阶

① 张元济编:《戊戌六君子遗集》第6册,上海:商务印书馆,1917年。

级思想启蒙运动,是中国近代史上第一次思想解放运动,"斯时智慧骤开,如九流沸腾,不可遏抑"①。在运动中,维新志士们以西学为启蒙武器,不仅要求学习西方的坚船利炮,而且要求学习西方的思想文化。他们以物竞天择的进化论来论说变法的必要和紧迫;以自由平等天赋人权的启蒙学说来阐释君民关系的新理念;以救亡必须变法、变法必须学习西方的新思维来论证全面引介西学的重要。这一切在深度和广度上都是前所未有的,它扭转了此前向西方学习的自发状态和被动局面,"开出晚清思想界之革命,所关尤重"②。

  在这一思想革命中,最具冲击力的莫过于对西方民主政治的提倡。维新派利用掌握的报刊,不断刊出鼓吹设议院、变政体的文章,向传统的政治观念挑战。因而在所谓兴民权与尊君权之间,展开了一场尖锐的冲突。时任长沙时务学堂教习的梁启超在学生课艺的批语中发表了一些抨击时政、宣传民权的议论,守旧派人士叶德辉获得后,逐条批驳。例如梁启超认为变法应从皇帝降尊始,废除跪拜之礼。叶德辉说:"此言竟欲易中国跪拜之礼为西人鞠躬,居然请天子降尊,悖妄已极。"梁启超对英、美等国设议院制约国王、总统的权力表示赞赏。叶德辉称:"如此则中国幸不设议院耳。设议院而废君,大逆不道之事更多矣。"如此等等。③足见双方对立之态势。也正是在这种泾渭分明的斗争中,民主、平等等西方思想,得到了第一次大规模的传播。

---

① 无涯生:《论政变与中国不亡之关系》,《清议报》第27册,光绪二十五年八月十一日。
② 梁启超:《中国近三百年学术史》,第193页,上海:中华书局,1936年。
③ 参见《宾凤阳等上王益吾院长书》,《翼教丛编》卷5,兹据史革新主编:《中国文化通史·晚清卷》,第83页,北京:中共中央党校出版社,2000年。

因此，从某种意义上讲，维新志士的主要历史贡献也许不在政治方面，而在文化方面；也许不在戊戌变法本身，而在戊戌思潮。戊戌时期初步奠定的新文化结构体系也在中华文明由古代转入近代的历程中发挥了具有决定意义的枢纽作用。甚至可以说，中国传统文明向近代文明的主体位移是从这时发生的，中国近代文教事业各门类的兴起几乎都可以在戊戌时找到源头。①

三 文化空间

近代中国，随着西方文明的传播，一些新的媒体拓展了传统的文化空间，为中华文明的发展与转型提供了精神动力。

1815年8月5日，伦敦会士米怜（W. Milne）等在马六甲创办了第一份中文报刊《察世俗每月统记传》；1822年9月12日，天主教会在澳门创刊《蜜蜂华报》，是第一份在中国土地上出现的外文报刊。到19世纪90年代中期，中国已有12份基本上由外国人操办的报纸，主要集中在上海等地区，社会影响有限。戊戌时期开创了中国近代报业史兴起的局面。新思想需要新载体，新议论助长新媒介，两者相得益彰。从1895至1898年间，出现各类新报刊约六十种，多由国人自办，并不局限于通商口岸，还扩展到成都、西安、桂林等内地城市。其中影响最大的《时务报》，在15个省和日本、东南亚设有分销处67所，销量逾万，这是前所未有的现象，主要撰稿人梁启超因此声名大噪，他创造了一种半文半白语言浅近的"报章体"，

---

① 参见吴廷嘉：《戊戌思潮纵横论》，北京：中国人民大学出版社，1988年。

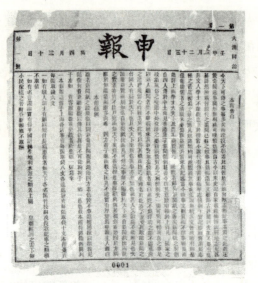

图 47 《申报》创刊号

这种文体不受古语章法的限制,"务为平易畅达,时杂以俚语、韵语及外来语法,纵笔所至不检束。学者竞效之,号'新文体'……其文条理明晰,笔锋常带感情,对于读者,别有一种魔力焉"①。其中如《少年中国说》、《论中国国民之品格》等,都直抒胸臆,大声疾呼,感情饱满,议论纵横,具有很强的鼓动性,与此前流行的桐城派古文的空洞无物形成了鲜明的对比。更重要的是,通过报纸获得信息,表达意见,开始成为中国人的"习惯",成为社会生活中一个不可缺少的因素。

维新运动还开了国人创办近代型出版机构的新风尚,旧式书坊、书肆大多转型,外人把持中国新型出版业的状况成为历史,中国人在新式舆论出版界开始主导话语权。两三年间,仅上海一地就有译书公会、大同书局等十几家新式书局设办,其中尤以创办于1897年

---

① 《饮冰室合集·专集》之三十四。

的上海商务印书馆的成立标志着中国近代民族出版业步入成熟。"书肆中时务之书汗牛充栋",购阅新书的人"如蚁附膻"①,新书读者群与新式出版机构相时共进,预示着社会面貌的新变化。

报刊业、出版业的发展为文学艺术由传统向近代的转轨创造了方便的条件。甲午战后,维新人士便酝酿"诗界革命",1898年,黄遵宪首揭"新派诗"的大旗②,梁启超、夏曾佑、谭嗣同、丘逢甲等都是响应唱和者,他们力图摆脱当时统领诗坛的"同光体"拟古风格的束缚,所作新体诗语言清新通俗,诗文载道纪实,大量使用新词汇,富有时代气息,堪称五四新诗歌运动的前驱。小说方面,由于传统观念的歧视,一直处于边缘化的位置。1897年,严复、夏曾佑撰文,把小说的功用抬高到"几几出于经史之上"③。梁启超更在他著名的《论小说与群治之关系》一文中说:

> 欲新一国之民,不可不先新一国之小说。故欲新道德,必新小说;欲新宗教,必新小说;欲新政治,必新小说;欲新风俗,必新小说;欲新学艺,必新小说;乃至欲新人心,欲新人格,必新小说。

声势浩大的"小说界革命"使小说一跃而成为文学的中心,新派小说层出迭起,《官场现形记》、《二十年目睹之怪现状》、《老残游记》、《孽海花》等"谴责小说"先后问世,显示了小说介入社会生活的新

---

① 《论考试之弊》,《申报》1897年9月5日。
② 黄遵宪:《酬曾重伯编修》,《人境庐诗草》卷8,上海:上海古典文学出版社,1957年。
③ 阿英:《晚清文学丛钞·小说戏曲研究卷》,第12页,北京:中华书局,1960年。

特点。

　　与此同时，翻译也极一时之盛。尽管洋务时期的"广方言馆"之类的翻译机构多自夸："自象纬、舆图、格致、器艺、兵法、医术，罔不收罗毕备，诚为集西学之大观。"但在维新派看来，此前的翻译"无次第，无层次"，"不合政学纲要"，特别是在"哲学理法"等方面不能"达其大本所在"①。1893年，新教教会在华设办的最大的文化机构广学会的译书收入仅800元，但短短几年之后，到1898年便剧增到18000元，到1911年，更增加到225579.84元，不到20年增加200多倍。②是时，"翻译书籍出版者，人人争购，市之为空"③。严复、马相伯、马君武等都是当时蜚声一时的翻译家。1899年，林琴南译出小仲马的《巴黎茶花女遗事》，风靡一时，严复有诗"可怜一卷茶花女，断尽支那荡子肠"。林琴南也以不通外文而借助他人来翻译外国作品凡206种，共1200万字，形成与"严译名著"并驾齐驱又独具一格的"林译小说"。而"代数"、"电池"、"火车"、"银行"、"照相"、"医院"、"民主"、"自由"、"宪法"、"共和"等反映现代文明的数以万计的新词语也开始进入汉语的词汇系统中。

　　文化的平民化社会化的工作也在此时展开，汉字改革与白话文的运用是其中一个突出的表现。近代汉字改革从戊戌前后启动，新派人士痛感文字为中国的"致弱之基"，为使文化普及，只有先使文字"甚便于农工妇雏"④。1892年，卢憨章的《一目了然初阶》率先

---

① 叶瀚：《论译书之弊》，转引自柳诒徵：《中国文化史》下卷，第796—797页，北京：东方出版中心，1988年。
② 《文史资料选辑》第43辑，文史资料出版社，1964年，第5页。
③ 中国近代史资料丛刊《戊戌变法》（三），第156页。
④ 王炳耀：《拼音字谱序》，北京：文字改革出版社，1956年。

提出了汉字的拼音化问题，试图以其创作的55个"切音为字"，实现"凡字无师能自读"，"不数月，通国家家户户，男女老少，无不识字，成为自古以来一大文明国矣"。随后不久，又有5个各不相同的切音字方案（吴敬恒的"豆芽字母"、蔡锡勇的"传音快字"、沈学的"盛世元音"、力捷三的"闽腔快字"、王炳耀的"拼音字谱"）相继问世。王照在此同时还创造了普通话的拼音字母，王氏方案，得到官府提倡，在北京、天津、山西、东北等地推广。劳乃宣又对王氏字母进行简化改造。中国近代文字改革运动由此开端。①与此同时，白话报也开始出现。1898年春，江苏无锡人裘廷梁于上海《苏报》发表《论白话为维新之本》的文章，第一次响亮提出"崇白话而废文言"的口号，随即创办中国近代影响较大的白话报——《无锡白话报》（后改名《中国官音白话报》）。而一股办白话报热潮也随即形成，林獬先后创办《杭州白话报》和《中国白话报》；陈独秀在家乡创办《安徽俗话报》；各地还有《宁波白话报》、《演义白话报》、《启蒙通俗报》、《苏州白话报》、《智群白话报》、《白话》等。到1911年，出版的白话报至少在130种以上。而《大公报》从1905年8月21日起便以"敝帚千珍"的名目定期出版白话附张，免费随报附送。②这些都为五四新文化运动在语言方面提供了一个基础。考虑到汉字、汉语是承载中华文明长达几千年的最重要的工具之一，上述现象具有极为突出的指标性意义。

---

① 汪林茂：《戊戌兴西学活动与文化结构的更新》，《戊戌维新与近代中国的改革》，第128页，北京：社会科学文献出版社，2000年。
② 参见曹德仁：《清末白话文运动》，《历史知识》1984年第6期；另参见《辛亥革命时期期刊介绍》（五），第493—538页，北京：人民出版社，1987年；李孝悌：《清末的下层社会启蒙》，第18页，石家庄：河北教育出版社，2001年。

另一个值得关注的现象是电影的传入。1895年12月28日,法国青年卢米埃尔(Louis Lumiere)在巴黎卡普辛路的印度沙龙内,正式放映了《墙》、《婴孩喝汤》和《水浇园丁》等世界上最早的影片,标志着电影时代的到来。仅仅过了8个月,也就是1896年8月11日,这门全新的大众艺术便在中国落户,所谓"西洋影戏"在上海徐园的"又一村"与观众见面了。① 1897年7月,美国电影放映商雍松在上海的天华茶园、奇园、同庆茶园等处放映电影。天华茶园的广告称:"此戏纯用机器运动,灵活如生,且戏目繁多,使观者如入山阴道上,有应接不暇之势。""戏目繁多"一句并非虚词,广告单中开列的影片节目便有:《俄国皇帝游历法京巴里府(巴黎)》、《罗依弗拉地方长蛇跳舞》、《马铎尼铎(马德里)名都街市》、《西班牙跳舞》、《骑马大道》、《拖里露比地方人民睡眠》、《以剑术赌输赢》、《骡马困难之状》、《西方野蛮刑人》、《和兰(荷兰)大女子笑柄》、《印度人执棍跳舞》等等。电影一诞生便作为一门普及性大众性的艺术而出现,中国的早期电影放映也反映了这一特点,其票价低至一角,市民们争相观看"西洋景"。② 变化万千的电影画面给中国观众以震憾和愉悦。

近代报刊、出版乃至电影等的出现,为公众提供了新的文化空间,尽管最初的涉猎者未必完全明白它们在中华文明转型中的意义,例如1897年9月5日,上海《游戏报》第七十四号载文《观美国影戏记》,表达了对电影的赞叹:"观毕,因叹曰:天地之间,千变万化,如蜃楼海市,与过影何以异?自电法既创,开古今未有之奇,泄

---

① 《申报》(附张),1896年8月10—14日。
② 《申报》(附张),1897年7月27日。

造物无穷之秘。如影戏者，数万里在咫尺，不必求缩地之方，千百状而纷呈，何殊乎铸鼎之像，乍隐乍现，人生真梦幻泡影耳，皆可作如是观。"其间流露出的其实还是基于传统文化的心理感受。但后来的事实证明，上述新的文化现象，实际上承载的是一种新的文明。

四　教育新风

随着西方文明的传播，教育界也吹起了一股改革的新风。毛泽东曾这样描述当年的情景：

> 那时，求进步的中国人，只要是西方的新道理，什么书也看。向日本、英国、美国、法国、德国派遣留学生之多，达到了惊人的程度。国内废科举，兴学校，好像雨后春笋，努力学习西方。①

这种新气象的出现当然也有一个过程。北京同文馆是近代史上最先出现的一所洋务学堂（后并入京师大学堂即北京大学）。早在19世纪60年代，清政府内部就为同文馆开设天文算学馆等传授西学的机构，引起了一场尖锐的争执。曾几何时，西式学堂就在华夏大地竞相出现。

1834年，英籍妇女温斯特（Wanstall）在其寓所建"澳门女塾"，是中国土地上出现的最早的西式学堂。到1860年，基督新教在华办的各类学校不下50所。国人自办新式学堂始于洋务派，但这些学堂

---

① 《论人民民主专政》，《毛泽东选集》第4卷，第1469页，北京：人民出版社，1972年。

一般都规模较小,而且在社会上还受到歧视。与此相对应,当时中国的旧式书院约有4500所,就读者有秀才90万,童生约200万。

维新运动期间,宣布对科举旧制进行改造,同时建立全国性的新式学校体系。旧的教育体制是面向科场的,目的在于为统治者培养官吏,而新教育体系则是面向社会的,目的在于为整个社会培养人才。对此,新派人士已有很明确的认识:教育"不当仅及于士,而当下达于民;不当仅立于国,而当遍及于乡";"必使四万万之民皆出于学"①,显示出明晰的全民教育观念。新式教育由此而大兴。

1896年1月,御使陈其彰首先提出仿照西洋,建立由初等、中学至"上学"(大学)的新校体制,朝廷据此开始在全国推行由小学、中学至大学的与国际接轨的近代三级学制。②到1909年,新式学堂已达59117所,其中就读的学生人数超过160万。

值得一提的是,清政府在着手进行教育改革的同时,也提倡选派学生出国留学。1903年9月,清廷向全国颁布了张之洞拟定的《奖励游学毕业生章程》,该章程规定:游学生毕业回国,分别奖励拔贡、举人、进士、翰林等各项出身。③紧接着,又颁布了《游学西洋简明章程》,对学生的语言、品学、监督及考核等作了详细的规定,使留学有章可循。在清政府政策的引导下,大批青年学子,远涉重洋,出国求学。1905年仅留学日本一国的学生就超过8000人,在一些人看来,"以数千年之古国,东亚文明之领袖,曾几何时,乃一变而北面受学,称弟子国。天下之大耻,孰有过于此者"④。的确,这是一个尴尬的过程,但又是一

---

① 中国近代史资料丛刊《戊戌变法》(二),第220页。
② 朱寿朋编:《光绪朝东华录》第4册,第4093页,北京:中华书局,1958年。
③ 舒新城:《中国近代教育史资料》上册,第183页,北京:人民教育出版社,1983年。
④ 胡适:《非留学篇》,见周质平编:《胡适早年文存》,第353页,台北:远流出版公司,1995年。

图48 首批赴美留学的幼童

个必要的过程，中国的教育在这消长转换的过程中迈向了一个新的时代。如果从整个中华文明史的角度看，意义更加重大。因为在中国历史上，国人还从来没有过如此大规模地走出国门，向外国学习的事。

对于中国教育史来说，另一件值得大书特书的事是京师大学堂的诞生，这是中国第一所近代国立大学。按照清政府最初的设计，京师大学堂不仅是全国最高学府，而且是最高教育行政机构。因此，京师大学堂对当时全国的高等教育起着表率作用，各地纷纷改书院为学堂，并仿效京师大学堂创立地方大学堂，中国教育正式迈入近代化历程。

与新型教育体系的建立联系在一起，传统知识谱系也发生了重大的变革。最早将西方的知识谱系引介中国的仍然是教会，1839月11月4日在澳门开办的教会学校——"马礼逊学堂"，课目已含中文、英文、体育、算术、几何、生理、地理、化学、代数、机械学等。1873年，由美国长老会教士狄考文（C. W. Matter）夫妇设办的山东"登州蒙养学堂正斋",开设的课程更包括测绘学、代数备旨、航海法、声、光、电、地石学、化学、动植物学、微积分、天文揭要、富国策、万国通鉴,等等。①但这些近代的学科分类基本局限在少数教会学校中,与大多数中国学校没有关系。

1862年设办的"京师同文馆"在1867年时开设的课程除英、法、俄等外语以外,还有算学、化学、万国公法、医学生理、天文、外国史地等。但同文馆之类的"准新学"在当时的教育体系中也属少量,居正统地位的还是传统的旧书院和以经学为主体的旧学科。全局性的改观是在戊戌前后发生。这年,浙江巡抚廖寿丰奏请将诂经精舍、学海堂等6所旧书院改并为专课中西实学的求是书院,一代经学大师俞樾辞职。而1898年,严复(1854—1921)在北京通艺学堂演说时具体介绍了西学的两大分类:"公家之用"(即基础知识)和"专门之用"(即专业知识)。②同一时期,梁启超在《西学书目表》中的分类更加到位:第一部分为"学部":包括算学、重学、电学、化学、声学、光学、汽学、天学、地学、全体学、动植物学、医学、图学;第二部分为"政部":包括史志、官制、学制、法律、农政、矿政、工政、商政、兵政、船政;第三部分为杂类:包括游记、报章、格致总、西人议论。这已然是一份较为完备的近代科学知识的分类编排谱系。戊戌后众多新学书籍目录的编排、新学丛书的编纂和新学堂课程表的制定也都程度不同而又不约而同地采行了新学科谱系。

1902年,张百熙主持制定《钦定京师大学堂章程》,专列"大学分科门目表":政治、文学、格致、农业、工艺、商务、医术。过

---

① 参见郭卫东:《中土基督》,第209、216页,昆明:云南人民出版社,2001年。
② 《严复集》第1册,第94、95页,北京:中华书局,1986年。

去居于庙堂首尊的经学居然未被单科罗列,只是并列于文学科的7个子目之下,即经学、史学、理学、诸子学、掌故学、词章学和外国语言文字学。①过去的正统之学日益边缘化,其后经学面临着迅速地被降格(降经为史)和离析的命运,成为历史学和哲学史、文学史等学科的具体研究门类。而过去处在边缘的新学或西学却日渐居于正统。1903年,清政府推出"癸卯学制",以政令形式规定全国所有学校需实行统一的分级学制和开设统一的课程门类。自此,分科教育和研修体系成为官方制度而正式确立。

图49 《钦定大学堂章程》书影

在各门学科的建立过程中,有几门学科最引人注目,一个是经学地位的下降。在哲学领域,中国对德国古典哲学、逻辑学(时称"名学")、伦理学和近代方法论的探索,以及对尼采、叔本华、卢梭等的研究均在戊戌前后起步。在这一背景下,戊戌学术界开始出现经学与哲学的地位置换。当时,有人对清朝(实际不止清朝)学术作了这样的概括:"本朝学术,实以经学为最盛,其余诸学,皆由经学而出。"②这一概括失之笼统,若讲戊戌之前的中国学术大致尚可,戊戌之后,则经学的地位已摇摇欲坠,不可能再扮演诸学本源的角

---

① 《京师大学堂档案选编》,第150页。
② 邓实:《国学今论》,《国粹学报》第一年第五期。

色，而成了哲学甚至是哲学史的一个研究分支。1906年，王国维作《奏定经学科大学文学科大学章程书后》，反对将经学单列一科，却主张开哲学科。①经学与哲学的地位已然颠倒，哲学具有了与传统经学所居的那种"学问之上的学问"的地位。

另一个重要的学科是生物学。1858年，《植物学》出版，该书原本是英国植物学家林德利（John Lindley）的著作，由英国来华教士韦廉臣（Alexander Williamson）、艾约瑟（Joseph Edkins）同中国近代著名科学家李善兰（1811—1882）合作节译而出，该书首次向中国人展示了只有在显微镜下才能发现的植物细胞学说，揭示了在近代实验基础上建立起来的有关植物各部分的生理功能的理论，介绍了地球上不同纬度的植物分布情况以及近代植物分类学。②不过，在戊戌运动中，对社会产生重大影响的生物学是建立在达尔文进化论基础上的近代生物学，它不是单纯自然科学意义上的进化论，而是杂糅了斯宾塞社会达尔文主义的进化论。1898年，曾经留学英国的严复节译赫胥黎（T. H. Huxley）1893年出版的《进化与伦理》，并结合中国的时政分析掺杂进自己的大量发挥，出版了《天演论》，这本书将进化论提到哲学的高度，为国人展示了一种全新的世界观。严复介绍了进化论中"物竞天择"、"适者生存"这两个基本观点，痛陈当时中国已处于弱肉强食的危险境地，必须自强保种、救亡图存，才能自立于世界民族之林。《天演论》震聋发聩的言说一经刊行，强烈地震撼了国人的心灵，在当时风靡一时。

---

① 《王国维学术经典集》下册，第154-161页，南昌：江西人民出版社，1997年。
② 汪子春：《我国传播近代植物学知识的第一部译著》，《自然科学史研究》1984年第1期。

此外，数学、物理学、化学、医学、地学等学科的变化也很突出。这一切表明，戊戌后不仅出现了自然和社会科学各学科门类的大面积"移植"，而且引出了中国固有学科门类的改造和重构，并由此展开了对中国文化的自觉反思。更重要的是，它使"西学"开始有机地、系统地融进"中学"之中，而创造出了不中不西、亦中亦西的近代"新学"，中西学术被初步整合在一个新的学术框架中。

鸦片战争后，西方"新文明之势力，方挟风鼓浪，蔽天而来，叩吾关而窥吾室，以吾数千年之旧文明当之，乃如败叶之遇疾风，无往而不败衄"①。西方文明的大规模引入，与传统的中华文明由冲突到融合，使得中华文明出现了结构性变迁——外延扩大，内涵增多，精神发展，中华近代文明的整体格局开始架构成形。

透过五千年中华文明的沧桑巨变，透过近代中西碰撞的风风雨雨，一缕曙光终于再次出现在东方的天际。

---

① 《胡适早年文存》，第353页，台北：远流出版公司，1995年。

后记

本书是根据《中华文明史》第四卷有关精神文明的若干章节改写而成的，在这一卷中，我承担了有关文学艺术和学术文化两章的撰写，它们现在被拆分成了本书的第二章《世情写真》、第三章《文人情怀》、第四章《幻域人间》和第六章《文化建树》。

本书另外几章的改编情况如下：

第一章《启蒙思潮》、第八章《书声朗朗》、第九章《香烟燎绕》原稿分别是王锦民先生撰写的《早期启蒙思潮与政治文明》、《学校教育与社会教育》、《宗教信仰：观念与实践》。

第五章《中西碰撞》，原稿是孙尚扬先生撰写的《西学东渐与中华文明的外播》。

第七章《民族之花》则是依据原书第六章由张帆先生所撰写的有关少数民族文化的一节扩充而成的。

第十章《曙光再现》则采用了由郭卫东先生所撰写的第十三章《变革图强：近代文明的催生》的相关部分。

这里我要向他们的辛勤劳动和富于创见的研究表示崇高的敬意和感谢，并郑重说明，这些章节的著作权，凡出自原稿的地方，自应属于原作者。读者如需引用，敬请核查北京大学出版社出版的《中华文明史》相关章节。

还有一点需要说明的是，一方面，按照本丛书是《中华文明史》普及本的要求，本稿在基本观点与论述格局上，都谨依原书。另一方面，考虑到读者的要求有所不同，在改编时，我对原稿作了大量的删削，同时也作了相应的增改，而增改的情况也不一致，有的章节基本未动，有的增改则多一些。如果因此导致对原书精神的背离或出现了什么疏误，自然由我负责。

在撰作《中华文明史》的几年中，各位同人开诚布公，共商学术。从章节安排到观点论述，切磋切磨，精益求精。其情其景，至今难以忘怀。可以说，没有这一精诚合作，就没有《中华文明史》，当然也就没有这本小册子。本书虽为通俗读物，但责任编辑徐丹丽不以内容浅薄而掉以轻心，纠正了原稿的大量疏误，令人感愧，谨致谢忱。

2004 年 10 月
写于香港树仁学院图书馆综合大楼 12B1 室
2008 年 10 月补记